诗情·画意·数学眼光

换一种视角欣赏诗

吴佑华　钱建华　著

古吴轩出版社

图书在版编目（CIP）数据

诗情·画意·数学眼光：换一种视角欣赏诗 / 吴佑华，钱建华著 . — 苏州：古吴轩出版社，2022.1
ISBN 978-7-5546-1870-7

Ⅰ. ①诗… Ⅱ. ①吴… ②钱… Ⅲ. ①古典诗歌—中国—中小学—教学参考资料 Ⅳ. ①G634.303

中国版本图书馆CIP数据核字(2021)第257580号

责任编辑：胡敏韬
装帧设计：柏拉图

书　　名	诗情·画意·数学眼光：换一种视角欣赏诗
著　　者	吴佑华　钱建华
出版发行	古吴轩出版社
	地址：苏州市八达街118号苏州新闻大厦30F　邮编：215123
	电话：0512-65233679　传真：0512-65220750
出 版 人	尹剑峰
印　　刷	无锡市证券印刷有限公司
开　　本	787×1092　1/16
印　　张	15.75
字　　数	217千字
版　　次	2022年1月第1版　第1次印刷
书　　号	ISBN 978-7-5546-1870-7
定　　价	58.00元

如有印装质量问题，请与售后联系　0512-87662766

"诗情·画意·数学眼光:换一种视角欣赏诗"课程荣获全国新教育实验 2019 年度卓越课程的颁奖词

作者钱建华教学"横看成岭侧成峰——三视图的意境"一课

荣获全国新教育实验 2019 年度卓越课程大奖的证书、奖牌

打造兴中特色的"卓越课程"

教育越来越重视人的个性发展,越来越关注每一个学生潜能的开发。2001年,国务院印发《关于基础教育改革与发展的决定》,启动新一轮课程改革,实行国家课程、地方课程和校本课程三级管理模式,打破了国家教材大一统的局面,实现了课程由统一化向个性化的迈进。

新课程改革以来,江苏省南通市通州区兴仁中学不断更新课程理念,改进课程内容,完善课程结构,教的方式和学的方式发生了显著变化。学校在认真实施国家课程、地方课程的基础上,积极探索,依据南通地方特色和学校传统而开发的校本课程——"馨仁课程",开创了一批在区、市乃至全国有一定影响力的校本课程。学校的校本课程的开发和应用已成为通州乃至南通基础教育课程改革的一个亮点。

(1)创新体系,立体开发。近几年,学校不断创新构建"馨仁课程"建设体系,形成了"馨仁课程"成长体验课程、"馨仁课程"学科拓展课程、"馨仁课程"潜能开发课程,基本满足了不同学生综合素养、个性发展的需要。

"馨仁课程"成长体验课程,主要包括主题教育课程、成长仪式课程、节日文化课程、童心体验课程等,重在"立德树人、外礼内仁",注重教育的趣味化、生活化,促进学生的"知行合一"。

"馨仁课程"学科拓展课程,是在各学科的跨域融合中,形成对语文、数学、体育等全部国家课程的校本化改造,重在"多元融合",注重学生个性化知识的建构。

"馨仁课程"潜能开发课程,在学科拓展课程的基础上进行提升,旨在给学有余力的学生提供发展空间,主要包括电子百拼、蓝印花布、创客等课程,重在"志趣引领",尊重学生发展的自我需求与选择,开发学生的内在潜力,发挥学生的特长,启迪学生的智慧。每周二下午,全校初一、初二年级的学生打破班级、年级的限制,选择适合自己个性发展的课程,经历探索、发现的过程,感悟学习、成功的快乐。

(2)以创促建,追求卓越。学校积极打造新教育"卓越课程"品牌,涌现出一批有品位、有影响的优秀校本课程。

围绕文化建设,研发"知仁·兴仁·达仁"文化课程。该课程旨在弘扬儒家文化,培养师生"仁爱"精神,使得"仁学教育"成为学校特色,让"仁文化"成为学校对外展示的一张名片。2016年1月20日,《通州日报》以《知仁·兴仁·达仁——"仁学教育"校本课程研发与实践叙事》为题,报道学校实施"仁学教育"课程的成功实践。课程叙事《德配天地尊仲尼,道冠古今崇仁爱》发表在《名师之路》2016年第12期上。课程研究成果《仁学教育的整体构建与实践研究》发表在《南通教育研究》2017年第5期上。

发掘乡土资源,研发"幸福农事"劳动课程。学校充分利用废地,建成"耦耕园"农场。学生在学习书本知识的同时,体验田间劳作的美好,感悟劳动的乐趣。2016年6月6日、13日,《德育报》在第1343、1344连续两期,以《曾经化为淤泥换来今日芳香》(上、下)为题进行介绍。2016年6月1日、14日,《通州日报》《南通日报》分别用一个整版的篇幅,以《在耦耕园中享受生命成长的美妙》为题,报道学校"幸福农事"课程实践及思考。

结合抗疫形势,研发"2020,抗击'新冠肺炎'的数学视角"课程。该课程融灾难教育、数学教育、时政教育、文学教育等于一体,旨在引导学生用数学的眼光观察"抗疫",用数学的思维分析"抗疫",用数学的语言表达"抗疫",用数学的精神支援"抗疫",让"抗疫"充满理性与诗意。2020年6月24日,《通州日报》以《但愿人长久,数学亦抗疫——"2020,抗击'新冠肺炎'的数学视角"课程叙事》为题,以一个整版的篇幅作了报道。

此外,学校还有"南通板鹞""象棋文化""蓝印花布""服装彩绘""旅游地理""电子百拼""剪纸""馨仁文学""里仁书法""宋版书制作"等一批课程争妍斗艳,不少课程成为校、区乃至全国的卓越课程。特色鲜明、寓教于乐的校本课程的开设,极大地丰富了学生的校园生活,陶冶了学生的情操,教学质量和学生素质不断提高。

校本课程的研发,不仅需要外力的推动,还需要内部动力的持续作用,更取决于教师自身的专业发展意愿和实际付出。吴佑华、钱建华两位老师勤于思考,善于研究,笔耕不辍,先后领衔研发了"知仁·兴仁·达仁""幸福农事""诗情·画意·数学眼光:换一种视角欣赏诗"等课程。其中,"诗情·画意·数学眼光:换一种视角欣赏诗"课程成为全国新教育实验2019年度卓越课程。这是两位老师热爱传统文化、深耕数学教研、乐于跨学科融合实践所结出的硕果,我由衷地为他们高兴,为他们祝福。掩卷之余,心中颇多回味。愿"诗情·画意·数学眼光:换一种视角欣赏诗"获奖专著教材的正式出版,能进一步激励广大教师投身到校本课程的研发探索和实践中去,打造我校"馨仁课程"的升级版,为南通(通州)教育的新发展贡献自己的聪明才智。

是为序。

陈春雷

2020年8月26日

(作者系南通市通州区兴仁中学校长)

数学意境:体验以诗悟数的生命律动

收到吴佑华、钱建华两位老师合著的《诗情·画意·数学眼光:换一种视角欣赏诗》,眼前为之一亮。该书稿是以全国新教育实验2019年度卓越课程为基础,在最近修改之后定稿的。细细读过书稿,感到这是一本颇有研究价值和参考价值的书。

这本书视角新颖。书稿从数学教育的视角出发,探讨中国古诗词中蕴含的数学意境,这不仅使得古诗词的教育思想在当今数学教育中落地生根,也使当前的中小学数学教育课堂增添了几分诗意。课堂上,教师教授了"平行线"后,引导学生吟诵李商隐《无题·相见时难别亦难》,让学生感悟"相见时难别亦难"的数学意境;教授了"对称"后,引导学生吟诵王维《积雨辋川庄作》,让学生感悟"漠漠水田飞白鹭,阴阴夏木啭黄鹂"的数学意境;教授了"平移"后,引导学生吟诵李白《早发白帝城》,让学生感悟"轻舟已过万重山"的数学意境;教授了"线面垂直""直线与圆相切"后,引导学生吟诵王维《使至塞上》,让学生感悟"大漠孤烟直""长河落日圆"的数学意境;教授了"直线与圆的三种位置关系"后,引导学生吟诵张九龄《望月怀远》,让学生感悟"海上生明月"的数学意境;教授了"仰角、俯角"后,引导学生吟诵李白《静夜思》,让学生感悟"举头望明月,低头思故乡"的数学意境;教授了"全等形""相似形"后,引导学生吟诵宰相寇准的对联"水底日为天上日,眼中人是面前人",让学生感悟"水底日为天上日,眼中人是面前人"的数学意境;教授了"点、线、面、体"后,引导学生吟诵杜甫《绝句》,让学生感悟"两个黄鹂鸣翠柳,一行白鹭上青天"的数学意境……这多么富有诗意呀!

这本书内容翔实。两位老师对中国古诗词有着浓厚的兴趣,又在中学数学教育领域积累了丰富的经验。兴趣、热情、经验的融合,孕育出他们对古诗词特有的数学理解。

"山近月远觉月小,便道此山大于月。若有人眼大如天,当见山高月更阔。"这是王阳明的《蔽月山房》。从文学视角看,诗文描写的是关于山和月的富有哲理的一种思考、一种见识。从数学思维的视角看,这是一种合情推理的意境;从数学解题的视角看,这是数学猜想的意境;从数学发展的视角看,这是一种创造思维的意境。

"月黑见渔灯,孤光一点萤。微微风簇浪,散作满河星。"这是查慎行的《舟夜书所见》。从文学视角看,诗文描绘了一幅奇异美妙的河上夜景,体现了诗人对自然景色细微的观察力。从数学教学的视角看,"孤光一点萤""散作满河星"是一种数学变式教学;从数学解题的视角看,这是一理多用、一题多变、一题多解的意境;从数学思维的视角看,这是一种发散思维的意境。

"行路难,行路难,多歧路,今安在?"这是李白《行路难》中的诗句。从文学视角看,整首诗体现的是李白与朋友之间深厚的友谊,而这个问句正是让读者切身体会到未知的将来中的诸多艰难险阻,不然也不会有李白荡气回肠的"长风破浪会有时,直观云帆济沧海"。从数学解题的视角看,这是分类讨论的问题,需仔细分析;从数学思维的视角看,这是数学中多维的意境。

……

这本书具有较高的参考价值和研究价值。这本书的古诗词大部分选自中小学语文课本,学生耳熟能详。两位老师敏锐地把握这些古诗词的数学意蕴,在学生学习古诗词和学习数学之间架起一座至美至真的桥梁,开辟出古诗词欣赏的一条蹊径。本书中,既有"数学眼光"欣赏诗之几何概念的意境,又有"数学眼光"欣赏诗之代数概念的意境;既有"数学眼光"欣赏诗之数学原理的意境,又有"数学眼光"欣赏诗之数学思想的意境;既有"数学眼光"欣赏诗之数学建模的意境,又有"数学眼光"欣赏诗之数学解题的意境。每一节的栏目设置丰富多彩,既有古诗词原文的展现,又有古诗词的文学诠释;既有古诗词的书法作品,又有古诗词的图画作品;既有古诗词的数学意境解读,又有古诗词的学思践行。

课堂上,老师在讲解数学题时,根据解题思路有感而发,顺口吟上几句古诗词,是不是有画龙点睛的效果?学生们随着数学老师的吟诵也会不由自主地齐声应和,这样既更加深刻领会了数学解题思路,又体会了古诗词的高远意境,真是两全其美。

他们的研究方法也具有很高的参考价值。正如德国科学家开普勒曾经说过:"我最珍视类比,它是我最可靠的老师。"把数学与古诗词这看似风马牛不相及的两件事一类比,你会发现其中滋味妙不可言。相信广大的中小学教师与学生,特别是古诗词与数学爱好者阅读此书后,一定会感到亲切、接地气,并且大有收获。

列宁曾经说过:"以为只有诗人才需要想象,这是没有道理,这是愚蠢的偏见!甚至在数学上也需要想象,甚至微积分的发现没有想象也是不可能的。"本书独辟蹊径,让古诗词的魅力渗入数学教材、到达数学课堂、融入数学学习,引导学生从诗意角度感知、理解数学,善于用古诗词的丰富意蕴展示数学的理性美,用诗性的眼光来审视抽象的数学,让诗词的感性美与数学的理性美相得益彰。不断加深学生对数学学习的兴趣与情感,真正使数学与诗共舞,让生动活泼的数学课堂飘逸人文诗香,让学生深入理解数学与古诗词、发自内心地喜欢数学与古诗词、刻骨铭心地热爱数学与古诗词!

可以预见,本书将对我区跨学科教学和课程整合的研究产生积极影响。

此外,本书对于推动我区中小学教师参加新教育实验,尤其是研发卓越课程具有重要的参考价值。吴佑华、钱建华两位老师勤学不怠,热心教研,笔耕不辍,成果迭出,在多年的实践中已经积累了深厚的学术功力,堪为年轻人之榜样。值本书付梓之际,谨志数语,爰以为序。

胡清华

2020 年 8 月 28 日

(作者系南通市通州区教育体育局副局长)

"诗人的想象可以补充我们的数学理解。"自第一次看到数学教育家张奠宙的这句话,我们就坚信数学教师读一点古诗词实在是太重要了。

中华民族是诗的民族,中华诗词博大精深,源远流长。在中国古代诗词中,有很多诗词体现了数学的某些意境,如果用"数学眼光"去欣赏这些诗的精美,别有一番情趣。苏轼《题西林壁》中的诗句:"横看成岭侧成峰,远近高低各不同。"从文学的视角看,是移步换形、千姿百态的庐山风景;从数学知识的视角看,是三视图的意境;从数学解题的视角看,是一题多解、一题多变的意境;从数学思维的视角看,是数学发散思维的意境;从数学深度学习的视角看,是指向高阶认知能力的意境。课堂上,老师教学"三视图"后,引导学生吟诵《题西林壁》,让学生体会"横看成岭侧成峰,远近高低各不同"的数学意境,这是何等地富有诗意呀!然而,在众多的数学教师中,却很少有人会换一种视角——以"数学眼光"去欣赏这些诗,很多人感悟不到诗中的数学意境,欣赏不出数学中的"诗情画意",更不善于去发掘、去研究、去弘扬,只能为数学打上"枯燥乏味"的标签,不利于培养学生学习数学的乐趣。其实,数学并不枯燥,只是我们把它教枯燥了。

诚然,在一般人的视野里,数学与诗是不相容的两个领域。一个属理,是理性王国的宝剑。公理、定义、定理是材质,逻辑推理、计算证明是手段,结论的确定性反映着客观世界的真实与公正,描述着数学世界的神奇与必然。一个属文,是感性世界的宠儿。高山流水、蓝天白云、草木虫鱼、飞禽走兽皆意象,或言志或抒情,或说理或筑梦,信马由缰、天马行空,在意象翅膀的拍打下,彰显想象的威力,构建自由的空灵,描绘诗性的意境。

为此,作为数学教师的笔者,常常思考数学与诗词的内在联系。在第四季《中国诗词大会》中,获得总冠军的北大博士生陈更是名副其实的数学学霸,被赞为"从函数定理的北大理工女博士到风花雪月的诗词女神";来自上海的高二学生姜闻页,这位诗情洋溢的"小才女"曾获得全国数学竞赛一等奖。我们有理由深思:诗词歌赋本是文科,但何以理科学霸也能光彩夺目?或者说,两者是否有内在的联系,诗词是否对数学有促进作用?

据考证,"数学"一词在希腊文中的最初意义相当宽泛,是"学到的或理解了的东西",到了亚里士多德时代才开始专门化;而"诗学"的最初意思是"完成的、做好的,或取得的东西"。因此有人说"数学"和"诗学"对公元前4世纪以前的希腊人来说,很可能指的是同一件事。数学与诗词同源,是数学与诗词融合的有力支撑。到了现代,由于数学和诗学在各自领域的不断深入发展,两者"貌离",然而通过诗的意境去解读数学,用数学的思维去解读诗词,仍可看到两者的"神合"。

于是,在哲人的眼里,数学即诗,数学的最高境界是诗性的;数学美即诗美,数学美的内涵昭示诗意美的灵魂。用数学思维研读诗歌,用诗之思维探究数学,实践文理共融、文理合一、文理互补的现代教育新理念。

本书共分三章,每一章分成两节。第一章《数学概念的意境》,由《诵诗文,悟意蕴,用"数学眼光"欣赏诗之几何概念的意境》《诵诗文,悟意蕴,用"数学眼光"欣赏诗之代数概念的意境》两节组成。第二章《原理思想的意境》,由《诵诗文,悟意蕴,用"数学眼光"欣赏诗之数学原理的意境》《诵诗文,悟意蕴,用"数学眼光"欣赏诗之数学思想的意境》两节组成。第三章《建模解题的意境》,由《诵诗文,悟意蕴,用"数学眼光"欣赏诗之数学建模的意境》《诵诗文,悟意蕴,用"数学眼光"欣赏诗之数学解题的意境》两节组成。每一节分成若干课,每一课共分"文学视角""数学眼光""学思悟行"三个版块,内容涵盖"文学""数学""书法""绘画""摄影"等学科类别,从多个方面培养学生的综合素质。在多年的教学实践中,笔者深深体会到,若能恰当地引用诗词,使数学课堂多一些文学气息,那么学生在诗意化的氛围中会获得全新的体验,在探求知识的过程中会充满惊喜——数学还可以学得这么诗情画意!

因此,我们完全有理由相信,数学教育的魅力不仅在于一个天衣无缝、严密而又有逻辑的、无法推翻的性质、公式和命题,还在于数学与文学、哲学、美学的完美融合。被人誉为"20世纪最伟大的几何学家之一"的陈省身教授,一生喜读文学作品并善诗;举世闻名的大数学家华罗庚,一生写了许多诗词;数学家苏步青享有"文理全才"之美誉,他一生与诗结缘,从事诗歌创作长达70余年,他说:"深厚的文学、历史基础是辅助我登上数学殿堂的翅膀,文学、历史知识助我拓展思路,加深对数学的理解。"

所以,我们数学教师要引导学生从繁复抽象的知识中独辟蹊径,从诗意角度认识数学、理解数学、体验数学。在数学教学中,恰当地将古诗词引入课堂,用古诗词的意蕴展示数学的理性美,引领学生用全新的眼光来审视抽象的数学,让数学的理性美与文学的感性美相得益彰,可以提高学生学习数学的兴趣,真正使数学教学变得生动活泼、诗意盎然!

笔者喜欢数学,也喜欢古诗词;喜欢数学教育,也喜欢新教育。本书稿能够获得全国新教育实验2019年度卓越课程大奖,是对笔者的鼓励与鞭策,今书稿即将付梓,若能对教育工作者有些许启迪,那么笔者也能获得些许安慰了。

真诚地希望听到建设性的批评和建议!

笔者希望自己的努力能够对推动通州新教育实验、研发卓越课程有所裨益。

吴佑华　钱建华

2019年8月16日

目录 Contents

第一章 数学概念的意境

第一节 诵诗文,悟意蕴,用"数学眼光"欣赏诗之几何概念的意境 / 003

一 前不见古人,后不见来者
　　——直线的意境 / 004

二 我住长江头,君住长江尾
　　——线段的意境 / 007

三 相见时难别亦难
　　——平行线的意境 / 010

四 漠漠水田飞白鹭,阴阴夏木啭黄鹂
　　——对称的意境 / 013

五 轻舟已过万重山
　　——平移的意境 / 016

六 大漠孤烟直
　　——线面垂直的意境 / 019

七 长河落日圆
　　——直线与圆相切的意境 / 022

八 海上生明月
　　——直线与圆的三种位置关系的意境 / 024

九 举头望明月,低头思故乡
　　——仰角、俯角的意境 / 027

十　横看成岭侧成峰
　　——三视图的意境　　　　　　　　　　　／030

十一　水底日为天上日,眼中人是面前人
　　——全等形、相似形的意境　　　　　　／032

十二　风正一帆悬
　　——三垂面的意境　　　　　　　　　　／034

十三　两个黄鹂鸣翠柳,一行白鹭上青天
　　——点、线、面、体的意境　　　　　　／037

十四　"杨柳依依""年年柳色"
　　——圆多种含义的意境　　　　　　　　／040

第二节　诵诗文,悟意蕴,用"数学眼光"欣赏诗之
　　　　代数概念的意境　　　　　　　　　／043

一　无之以为用
　　——0的意境　　　　　　　　　　　　／044

二　墙角数枝梅
　　——用字母表示数的意境　　　　　　　／046

三　人有悲欢离合,月有阴晴圆缺
　　——相反意义的量的意境　　　　　　　／048

四　善数,不用筹策
　　——指数的意境　　　　　　　　　　　／051

五　雁聚河流浊,羊群碛草膻
　　——集合的意境　　　　　　　　　　　／054

六　一叶孤舟,坐着二三个骚客
　　——数列的意境　　　　　　　　　　　／057

七　孤帆远影碧空尽
　　——极限的意境　　　　　　　　　　　／060

八　一枝红杏出墙来
　　——无界变量的意境　　　　　　　　　／063

九　无边落木萧萧下
　　——无限的意境　　　　　　　　　　　／065

十　寻隐者不遇
　　——概率的意境　　　　　　　　　　　　　　　／ 067

十一　枯藤老树昏鸦
　　——排列组合的意境　　　　　　　　　　　　／ 069

十二　太极生两仪,两仪生四象
　　——笛卡儿坐标系的意境　　　　　　　　　　／ 072

十三　高卧横眠得自由
　　——向量的意境　　　　　　　　　　　　　　／ 075

第二章　原理思想的意境

第三节　诵诗文,悟意蕴,用"数学眼光"欣赏诗之数学原理的意境　　／ 079

一　道生一,一生二
　　——自然数公理的意境　　　　　　　　　　　／ 080

二　玉人何处教吹箫
　　——方程的意境　　　　　　　　　　　　　　／ 083

三　只在此山中,云深不知处
　　——存在性定理的意境　　　　　　　　　　　／ 085

四　若言琴上有琴声,放在匣中何不鸣?
　　——反证法的意境　　　　　　　　　　　　　／ 088

五　三生万物
　　——数学归纳法的意境　　　　　　　　　　　／ 091

六　一字至七字诗·茶
　　——杨辉三角的意境　　　　　　　　　　　　／ 093

七　山近月远觉月小,便道此山大于月
　　——合情推理的意境　　　　　　　　　　　　／ 096

八　白日登山望烽火
　　——二进制原理的意境　　　　　　　　　　　／ 099

九　会当凌绝顶,一览众山小和不识庐山真面目,只缘身在此山中
　　——逆否命题的意境　　　　　　　　　　　　／ 102

第四节　诵诗文，悟意蕴，用"数学眼光"欣赏诗之数学思想的意境　　　　　　　　　/ 105

一　无为而无不为
　　——数学思想的意境　　　　　　　　　/ 106

二　白发三千丈，缘愁似个长
　　——整体思想的意境　　　　　　　　　/ 110

三　落霞与孤鹜齐飞，秋水共长天一色
　　——数形结合思想的意境　　　　　　　/ 113

四　汉皇重色思倾国
　　——转化思想的意境　　　　　　　　　/ 117

五　行路难，行路难，多歧路，今安在？
　　——分类讨论思想的意境　　　　　　　/ 121

六　一叶落知天下秋
　　——从特殊到一般的意境　　　　　　　/ 125

第三章　建模解题的意境

第五节　诵诗文，悟意蕴，用"数学眼光"欣赏诗之数学建模的意境　　　　　　　　　/ 131

一　欲穷千里目，更上一层楼
　　——直线与圆相切的意境　　　　　　　/ 132

二　黄昏饮马傍交河
　　——将军饮马问题的意境　　　　　　　/ 135

三　山形依旧枕寒流
　　——定点的意境　　　　　　　　　　　/ 138

四　一岁一枯荣
　　——周期函数的意境　　　　　　　　　/ 141

五　楚山秦山皆白云，白云处处长随君
　　——递推公式的意境　　　　　　　　　/ 145

六　渐行渐远渐无书，水阔鱼沉何处问
　　——反比例函数的意境　　　　　　　　/ 148

七 飞流直下三千尺,疑是银河落九天
　　——二次函数的意境　　　　　　　　　　　　　　/ 151

八 勤学如春起之苗,不见其增,日有所长
　　——函数单调性的意境　　　　　　　　　　　　/ 153

九 葡萄美酒夜光杯
　　——抛物线的意境　　　　　　　　　　　　　　/ 156

十 万条垂下绿丝绦
　　——对数函数的意境　　　　　　　　　　　　　/ 158

十一 天门中断楚江开,碧水东流至此回
　　——函数 $y=x^{-2}$ 的意境　　　　　　　　　　/ 161

十二 恰似一江春水向东流
　　——正弦函数的意境　　　　　　　　　　　　　/ 164

十三 今日不为真可惜
　　——$(1+\alpha)^{365}$ 的意境　　　　　　　　　　/ 168

十四 似花还似非花
　　——定义新运算的意境　　　　　　　　　　　　/ 172

十五 夫妻互忆回文诗
　　——回文数的意境　　　　　　　　　　　　　　/ 175

第六节 诵诗文,悟意蕴,用"数学眼光"欣赏诗之数学解题的意境　　　　　　　　　　　　　　/ 179

一 鸟鸣山更幽
　　——动静转化解题的意境　　　　　　　　　　　/ 180

二 别时容易见时难
　　——相乘容易分解难的意境　　　　　　　　　　/ 183

三 山外青山楼外楼
　　——无穷数列 $\sqrt{2},\sqrt{2\sqrt{2}},\sqrt{2\sqrt{2\sqrt{2}}},\sqrt{2\sqrt{2\sqrt{2\sqrt{2}}}}\cdots$ 的意境
　　　　　　　　　　　　　　　　　　　　　　　　/ 186

四 独钓寒江雪
　　——配方法解题的意境　　　　　　　　　　　　/ 189

五　山顶千门次第开
　　——裂项法解题的意境　　　　　　　　　　／192

六　假作真时真亦假，无为有处有还无
　　——构造法解题的意境　　　　　　　　　　／195

七　心有灵犀一点通
　　——运用三角形"五心"解题的意境　　　　／198

八　鸟宿池边树，僧敲月下门
　　——缜密解题的意境　　　　　　　　　　　／203

九　会当凌绝顶
　　——入内解题、出外欣赏的意境　　　　　　／206

十　不及汪伦送我情（一组离别诗）
　　——一题多解的意境　　　　　　　　　　　／214

十一　散作满河星
　　——变式题的意境　　　　　　　　　　　　／217

十二　衣带渐宽终不悔，为伊消得人憔悴
　　——研究数学的意境　　　　　　　　　　　／220

参考文献　　　　　　　　　　　　　　　　　　　／225
后记　　　　　　　　　　　　　　　　　　　　　／227

第一章 数学概念的意境

第一节

诵诗文,悟意蕴,用"数学眼光"欣赏诗之几何概念的意境

一 前不见古人,后不见来者
——直线的意境

> 前不见古人,
> 后不见来者。
> 念天地之悠悠,
> 独怆然而涕下!
>
> ——[唐]陈子昂《登幽州台歌》

【文学视角】

本诗苍茫遒劲,舍弃了对个人人生不幸遭遇的具体描写,把人们引入纯粹的宇宙时空中。本诗对宇宙的浩渺、人生的无常的喟叹进行了高度概括,从而上升到最能激荡人心的人类的共同感受。所以本诗获得了超越时空的审美价

值,成为震古烁今的千古绝句。诗文的意思:见不到往昔招贤的英王,看不到后世求才的明君。想到历史上的那些事无限邈远,我深感人生无奈,独自凭吊,我眼泪纵横,凄恻悲愁。

【数学眼光】

从数学上来看,这是一首阐发时间和空间感知的好诗。前两句表示时

间,可以看成是一条直线(一维空间)。诗人以自己为原点,前不见古人指时间可以延伸到负无穷,后不见来者则意味着未来的时间可以延展到正无穷。后两句则描写三维的现实空间:天是平面,地是平面,悠悠地张成三维的立体几何环境。全诗将时间和空间放在一起思考,感受到自然之伟大,产生了敬畏之心,以至怆然涕下。

这样的意境,在数学家和文学家看来,其实是彼此相通的。进一步说,爱因斯坦的四维时空学说也能和此诗的意境相衔接。数学正是把这种人生感受精确化、形式化。诗人的想象可以补充我们的数学理解。

【学思悟行】

1. 背诵《登幽州台歌》,并理解全文含义。

2. 上网搜索陈子昂的生平介绍以及《登幽州台歌》的写作背景。

3. 小组交流学习《登幽州台歌》的心得。

4. 仔细体会"前不见古人,后不见来者"的数学意境。

5. 猜谜:前不见古人,后不见来者。(打一个数学名词)

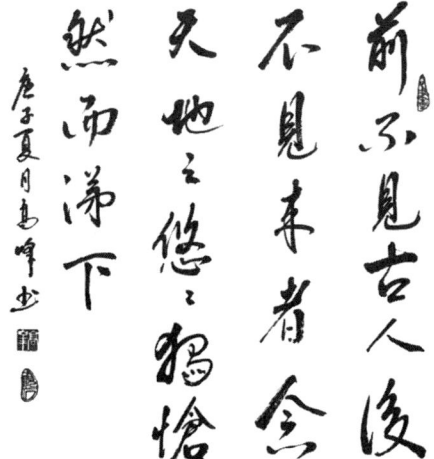

6. 选择《登幽州台歌》中适当的诗句创作一幅书法作品。

7. 写一篇赏析《登幽州台歌》的短文。

8. 赏数学名题,品诗词意蕴:

如图,将矩形 ABCD 沿 GH 折叠,点 C 落在点 Q 处,点 D 落在边 AB 上的点 E 处,若 $\angle AGE = 32°$,则 $\angle GHC$ 等于( )。

A. $112°$ B. $110°$ C. $108°$ D. $106°$

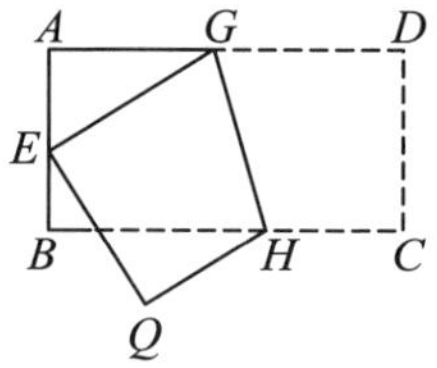

分析:由折叠可得 $\angle DGH = \dfrac{1}{2} \angle DGE = 74°$,再根据 $AD \parallel BC$,即得 $\angle GHC = 180° - \angle DGH = 106°$。

解:$\because \angle AGE = 32°$,$\therefore \angle DGE = 148°$。由折叠可得 $\angle DGH = \dfrac{1}{2} \angle DGE = 74°$。$\because AD \parallel BC$,$\therefore \angle GHC = 180° - \angle DGH = 106°$。故选 D。

第一章 数学概念的意境

二 我住长江头,君住长江尾
——线段的意境

> 我住长江头,君住长江尾。
> 日日思君不见君,共饮长江水。
> 此水几时休,此恨何时已。
> 只愿君心似我心,定不负相思意。
>
> ——[宋]李之仪《卜算子·我住长江头》

【文学视角】

李之仪这首《卜算子·我住长江头》,描写了两名恋爱中的青年男女,因距离之殇造成的相恋之难与相思之苦。上片用江水写出双方的空间阻隔和情思联系,映照出男女相离之远与相思之切。下片用江水之滔滔不绝,写出双方相思之绵绵不已,映照出女主人公对爱情的渴望。最后以己之钟情期望对方,真挚恋情,跃然纸上。全词以长江水为抒情线索贯穿始终,以"日日思君不见君"为主干。新巧的构思和深婉的情思、明净的语言、复沓的句法的结合,构成了这首词特有的灵秀隽永、玲珑晶莹的风韵。词的意思:我与您分住在长江上、下游啊,我朝思暮想着您却见不到您啊,可您我共饮着同一条长江里的水。这滔滔不绝的江水啊,不知道要流到什么时候才会停歇?我们这段离愁别恨又要到猴年马月才会停歇？但愿您的心同我的心一样，彼此就一定不会辜负这相互思念的情意。

【数学眼光】

从数学上来看，这是一首蕴含线段特征的词。"我住长江头，君住长江尾，日日思君不见君，共饮长江水。"如果将长江看作一条直线，"我""君"的位置就是直线上的两个点，直线上两点之间的部分就是线段，线段的两个端点就是"我"和"君"的位置。"我住长江头，君住长江尾"的线段意蕴不就呼之欲出了吗？

【学思悟行】

1. 背诵《卜算子·我住长江头》全文并理解全文含义。
2. 上网搜索李之仪的生平介绍以及《卜算子·我住长江头》的写作背景。
3. 小组交流学习李之仪这首《卜算子·我住长江头》的心得。
4. 仔细体会"我住长江头，君住长江尾"的数学意境。
5. 选择《卜算子·我住长江头》中的诗句创作一幅书法作品。
6. 猜谜：我住长江头，君住长江尾。（打一个数学名词）

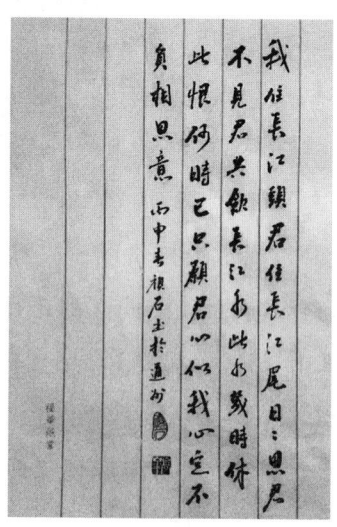

第一章 数学概念的意境

7. 赏数学名题,品诗词意蕴:

将一副三角板如图放置,使点 A 落在 DE 上,若 $BC \parallel DE$,则 $\angle AFC$ 的大小为_____。

分析:先根据 $BC \parallel DE$ 及三角板的度数求出 $\angle EAB$ 的度数,再根据三角形内角与外角的性质即可求出 $\angle AFC$ 的大小。

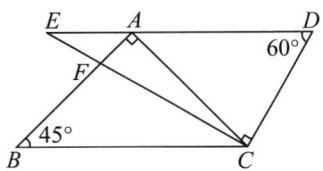

解:∵ $BC \parallel DE$,△ABC 为等腰直角三角形,

∴ $\angle FBC = \angle EAB = \dfrac{1}{2}(180°-90°)=45°$。∵ $\angle AFC$ 是 △AEF 的外角,∴ $\angle AFC = \angle FAE + \angle E = 45°+30°=75°$。故答案为 $75°$。

三　相见时难别亦难
——平行线的意境

相见时难别亦难，东风无力百花残。
春蚕到死丝方尽，蜡炬成灰泪始干。
晓镜但愁云鬓改，夜吟应觉月光寒。
蓬山此去无多路，青鸟殷勤为探看。

——[唐]李商隐《无题》

【文学视角】

这是一首恋情诗。诗人以女性的视角，追忆昨夜发生在贵家后堂宴饮时，与恋人席间欢聚的美好时光，表达了与意中人席间相遇，旋成间阻的怀想和惆怅。全诗感情深挚缠绵，炼句设色，流丽圆美，句句铭心，优美动人，成为描写爱情的不朽名篇，值得读者慢慢品味。诗文的意思：相恋的人啊见面的机会真是难得，分别时也难舍难分；暮春时节，东风将收，百花残谢，更加使人伤感。春蚕结茧到死时丝才吐完；红烛燃烧殆尽时，像泪一样的蜡油才能滴干。女方清晨对镜梳妆照镜，只担忧如云双鬓改色，青春的容颜消失；男子在晚上长吟不寐，必然让人感到冷月侵人。对方的住处就在蓬莱仙境，虽然距离这里没有多少路程，但由于无路可通，实在是可望而不可即。无奈只希望青鸟信使多劳了，能够代我殷勤地去探看。

【数学眼光】

在数学中，欧氏几何的平行线概念是这样定义的：在同一平面内，两条永不相交（也永不重合）的直线（line）称为平行线（parallel lines）。从平行线的定义可知,两条互相平行的直线向两方无限延伸、没有交点,并且互为前提,如果缺少其中的任何一方就不能称之为"平行线"了。这就像一对分隔两地的情侣,同时爱着对方,却又永不相见的人世情感。这情感是凄美的,正如"相思似海深,旧事如天远","天涯地角有穷时,只有相思无尽处"。如果你有丰富的想象力,你一定会想到李商隐的名句"相见时难别亦难"的意境吧!

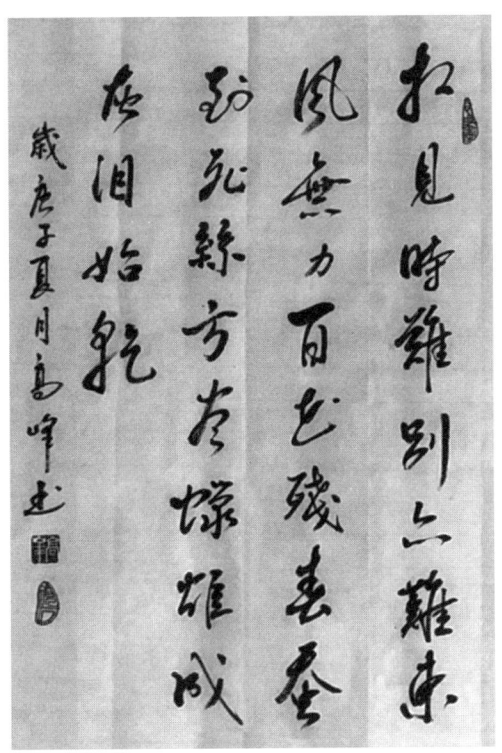

【学思悟行】

1. 在朗读、自由读的基础上,理解李商隐《无题》的内容及文学含义。
2. 上网搜索李商隐的生平介绍及该诗的写作背景。
3. 仔细体会"相见时难别亦难"的数学意境。

4. 以李商隐《无题》的内容为谜面,创作一个数学谜语。

5. 赏数学名题,品诗词意蕴:

如图,已知 $l_1 \parallel l_2$,点 C_1 在 l_1 上,并且 $C_1A \perp l_2$,A 为垂足,C_2、C_3 是 l_1 上任意两点,点 B 在 l_2 上。设 △ABC_1 的面积为 S_1,△ABC_2 的面积为 S_2,△ABC_3 的面积为 S_3,小颖认为 $S_1 = S_2 = S_3$,请帮小颖说明理由。

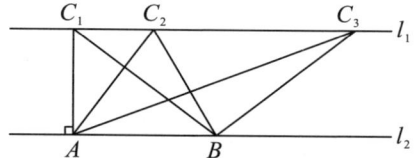

分析:根据两平行线间的距离相等即可解答。

解:∵ 直线 $l_1 \parallel l_2$,∴ △ABC_1、△ABC_2、△ABC_3 的底边 AB 上的高相等,∴ △ABC_1、△ABC_2、△ABC_3 这 3 个三角形同底、等高,∴ △ABC_1、△ABC_2、△ABC_3 这 3 个三角形的面积相等,即 $S_1 = S_2 = S_3$。

四　漠漠水田飞白鹭,阴阴夏木啭黄鹂
——对称的意境

积雨空林烟火迟,蒸藜炊黍饷东菑。

漠漠水田飞白鹭,阴阴夏木啭黄鹂。

山中习静观朝槿,松下清斋折露葵。

野老与人争席罢,海鸥何事更相疑。

——[唐]王维《积雨辋川庄作》

【文学视角】

这首七律是王维田园诗的一首代表作。首联写田家生活,颔联写自然景色,为诗人山上静观所见所得。如果说,首联所写农家无忧无虑、自由自在的劳动生活已引起诗人的浓厚兴趣和欣羡之情,那么,颔联中面对这黄鹂、白鹭展示生命欢乐、享受自由生活的飞鸣,诗人自会更加陶醉不已。下面两联就是抒写诗人隐居山林的禅寂生活之乐趣。全诗表现了诗人隐居山林、脱离尘俗的闲情逸致,其形象鲜明,兴味深远,彰显出诗人对淳朴田园生活的深深爱恋。诗文的意思:连日雨后,林野潮湿烟火难升;烧好的粗茶淡饭送给村东头耕耘的人。广阔平坦的水田上,一只只白鹭掠空而飞;田野边那繁茂的树林中,黄鹂宛转啼声时不时传来。我在山中修身养性,幽栖松林之下,观赏着木槿参悟着人生,采露葵以供清斋素食。我已从追求追名利的官场中退出来了,而鸥鸟为什么还这样要猜疑我呢?

【数学眼光】

王维的诗句中的"漠漠水田飞白鹭,阴阴夏木啭黄鹂",叠词"漠漠"对叠词"阴阴",名词"白鹭"对名词"黄鹂",颜色"白"和"黄"相对,虚对虚、实对实,文字对仗,结构工整。在数学家眼里"漠漠"变换到"阴阴",从广阔的水田到幽深的树林,变化的是自然景色,不变的都是叠词、形容词,都是自然悠闲之意境。同样"白鹭"变换到"黄鹂",不变的是形容词"白"对形容词"黄",名词"鹭"对名词"鹂",不变的还有都是自然界可爱的小鸟,其他词语的对仗同样是一种不变的性质。数学也讲究对称:有图形的对称,如轴对称、中心对称等;有数和式的对称,如 $a+b=b+a$;有运算的对称,如+与-、×与÷、乘方与开方、指数与对数、微分与积分都可视为对偶关系;也有数学命题关系中的对称性,如命题与逆命题。不过对称到了数学家的手里进一步被精细化。所谓对称的本质,是在变化中保持不变的东西。初中数学中常见的对称变换有平移对称、反射对称和旋转对称。

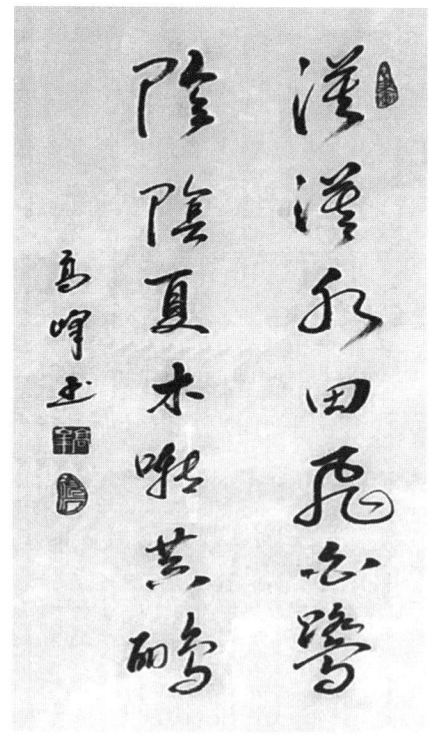

第一章 数学概念的意境

【学思悟行】

1. 朗读《积雨辋川庄作》,并理解其文学含义。

2. 上网搜索王维《积雨辋川庄作》的写作背景。

3. 仔细体会"漠漠水田飞白鹭,阴阴夏木啭黄鹂"的数学意境。

4. 赏数学名题,品诗词意蕴:

如图,在 4×4 的方格纸中,$\triangle ABC$ 的 3 个顶点都在格点上。

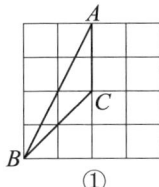 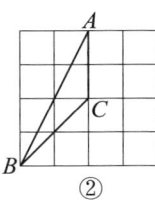 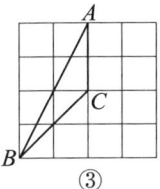

① ② ③

(1)在图①中,画出一个与 $\triangle ABC$ 成中心对称的格点三角形;

(2)在图②中,画出一个与 $\triangle ABC$ 成轴对称且与 $\triangle ABC$ 有公共边的格点三角形;

(3)在图③中,画出 $\triangle ABC$ 绕点 C 按顺时针方向旋转 $90°$ 后的三角形。

分析:(1)根据中心对称的性质即可作出图形;(2)根据轴对称的性质即可作出图形;(3)根据旋转的性质即可求出图形。

解:(1)如图④所示,$\triangle DCE$ 为所求作的图形。

(2)如图⑤所示,$\triangle ACD$ 为所求作的图形。

(3)如图⑥所示,$\triangle ECD$ 为所求作的图形。

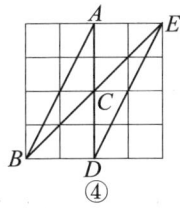 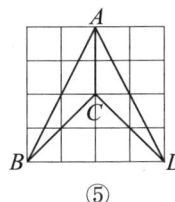 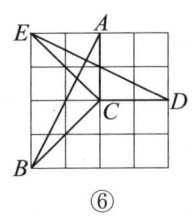

④ ⑤ ⑥

五　轻舟已过万重山
——平移的意境

> 朝辞白帝彩云间，
> 千里江陵一日还。
> 两岸猿声啼不住，
> 轻舟已过万重山。
>
> ——[唐]李白《早发白帝城》

【文学视角】

李白的这首诗，是诗人被流放夜郎，在取道四川赴贬地途中，忽然遇赦，惊喜交加，有感而发写下。全诗锋棱挺拔、空灵飞动，快船快意，使人神远。既是诗人个人心情的表达，又是诗人人生经验的总结，因物兴感，精妙无伦，读来是那样悠扬、轻快，令人百诵不厌。诗的意思是：在一天的清晨，我告别高入云霄的白帝城；江陵虽然远在千里，但是船行只需要一日的时间。长江两岸的猿声，还在我耳边不停地回荡着；不知不觉，轻舟已穿过万重青山。

【数学眼光】

平面几何中有一种概念叫作平移，是指在平面内将一个图形上的所有点都按照某个直线方向做相同距离的移动，这样的图形运动叫作图形的平移运动，简称平移。平移不改变图形的形状和大小。图形经过平移，对应线段相等，对应角相等，对应点所连的线段相等。它是等距同构，是空间中仿射变换的一种。它可以视为将同一个向量加到每点上，或将坐标系的中心移动所得的结果,也即将图形中的每一点按一个已知向量进行移动。图片平移的方向,不限于水平。"朝辞白帝彩云间,千里江陵一日还。两岸猿声啼不住,轻舟已过万重山。"李白的这首《早发白帝城》,不就是体现了一种平移意境吗?

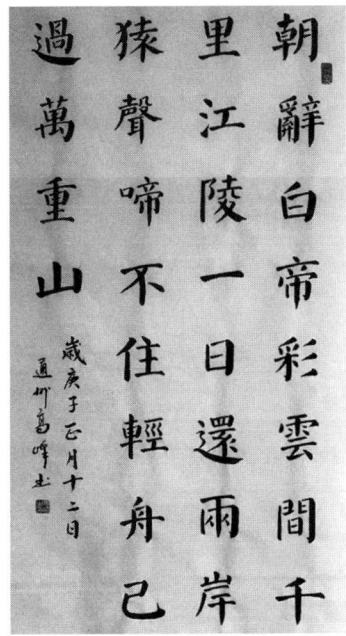

【学思悟行】

1. 朗诵《早发白帝城》,并理解其文学含义。

2. 上网搜索李白《早发白帝城》的写作背景。

3. 仔细体会"朝辞白帝彩云间,千里江陵一日还。两岸猿声啼不住,轻舟已过万重山"的数学意境。

4. 猜谜:朝辞白帝彩云间,千里江陵一日还。两岸猿声啼不住,轻舟已过万重山。(打一个数学名词)

诗情·画意·数学眼光
换一种视角欣赏诗

5. 赏数学名题,品诗词意蕴:

如图,图形①②③均是以 P_0 为圆心,1 个单位长度为半径的扇形,将图形①②③分别沿东北、正南、西北方向同时平移,每次移动 1 个单位长度,第一次移动后图形①②③的圆心依次为 P_1,P_2,P_3,第二次移动后图形①②③的圆心依次为 P_4,P_5,P_6,…依此规律,$P_0P_{2018}=$ _____ 个单位长度。

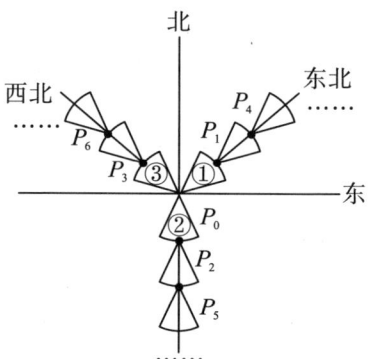

分析:$P_0P_1=1,P_0P_2=1,P_0P_3=1$;$P_0P_4=2,P_0P_5=2,P_0P_6=2$;$P_0P_7=3,P_0P_8=3,P_0P_9=3$。由此可知,每移动一次,圆心离中心的距离增加 1 个单位长度。

解:由图可得,$P_0P_1=1,P_0P_2=1,P_0P_3=1$;$P_0P_4=2,P_0P_5=2,P_0P_6=2$;$P_0P_7=3,P_0P_8=3,P_0P_9=3$。$\because 2018=3\times672+2$,$\therefore$ 点 P_{2018} 在正南方向上,$\therefore P_0P_{2018}=672+1=673$,故答案为 673。

六 大漠孤烟直
——线面垂直的意境

> 单车欲问边,属国过居延。
>
> 征蓬出汉塞,归雁入胡天。
>
> 大漠孤烟直,长河落日圆。
>
> 萧关逢候骑,都护在燕然。
>
> ——[唐]王维《使至塞上》

【文学视角】

这首诗是诗人奉命赴边陲慰问将士途中所作,记述诗人出使塞上的旅程以及旅程中的塞外风光。首联交代此行目的和到达地点;颔联借蓬草自况,写飘零之感;颈联描绘边陲大漠壮阔雄奇的景象;尾联写到了边塞遇到侦察兵,得知首将正在燕然前线。此诗既反映了边塞生活,同时也表达了诗人一种豁达情怀。诗文的意思是:我轻车简从去边陲慰问将士,奉使前行的车轮碾过居延。途中见到路边的蓬草,随风飘转出了汉塞,那北飞的大雁翱翔进入胡人的天空。一望无际的沙漠中孤烟直上,无尽黄河上落日浑圆。行至萧关恰遇到侦察骑兵告诉我,守护边疆的将领正在燕然前线。

【数学眼光】

在立体几何中有一个概念叫作直线与平面垂直。如果一条直线和这个平面内任意一条直线都垂直,则这条直线和这个平面垂直。平面与直线在空间中都具有无限延伸性。若你正站在这个平面上,你会觉得它无边无际,

诗情·画意·数学眼光
换一种视角欣赏诗

像望不到边的浩瀚沙漠,眼前一条直线直冲云霄,像一股向上的轻烟。这不正契合了"大漠孤烟直"这句诗吗?

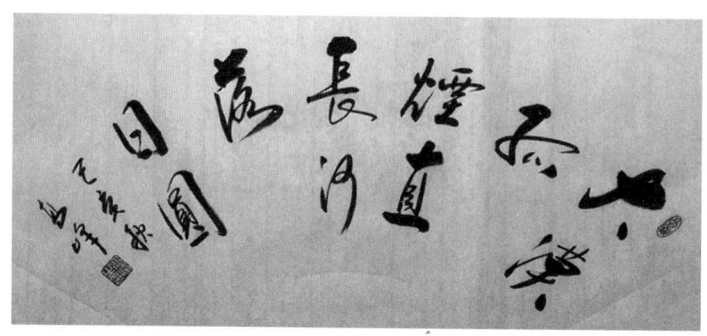

【学思悟行】

1. 背诵王维的《使至塞上》,并理解其文学含义。

2. 猜谜:直线垂直平面。(打王维的一句诗)

3. 赏数学名题,品诗词意蕴:

如图,旗杆及升旗台的剖面和教学楼的剖面在同一平面上,旗杆与地面垂直,在教学楼底部点 E 处测得旗杆顶端的仰角 $\angle AED=58°$,升旗台底部到教学楼底部的距离 $DE=7$ m,升旗台坡面 CD 的坡度为 $1:0.75$,坡长 $CD=2$ m,若旗杆底部到坡面 CD 的水平距离 $BC=1$ m,则旗杆 AB 的高度约为( )。(参考数据:$\sin 58°\approx 0.85$,$\cos 58°\approx 0.53$,$\tan 58°\approx 1.6$)

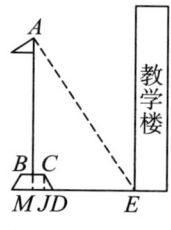

A. 12.6 m B. 13.1 m C. 14.7 m D. 16.3 m

分析:如图,延长 AB 交 ED 的延长线于点 M,作 $CJ\perp DM$ 于点 J,则四边形 $BMJC$ 是矩形。在 $Rt\triangle CDJ$ 中求出 CJ、DJ 的长度,再根据 $\tan\angle AEM=\dfrac{AM}{EM}$ 构建方程即可解决问题。

解：如图，延长 AB 交 ED 的延长线于点 M，作 $CJ \perp DM$ 于点 J，则四边形 $BMJC$ 是矩形。在 $\text{Rt}\triangle CJD$ 中，$\dfrac{CJ}{DJ} = \dfrac{1}{0.75} = \dfrac{4}{3}$，设 $CJ = 4k$，$DJ = 3k$，则有 $9k^2 + 16k^2 = CD^2 = 4$，$\therefore k = \dfrac{2}{5}$，$\therefore BM = CJ = \dfrac{8}{5}$，$BC = MJ = 1$，$DJ = \dfrac{6}{5}$，$EM = MJ + DJ + DE = \dfrac{46}{5}$。在 $\text{Rt}\triangle AEM$ 中，$\tan\angle AEM = \dfrac{AM}{EM}$，$\therefore 1.6 = \dfrac{AB + \dfrac{8}{5}}{\dfrac{46}{5}}$，解得 $AB \approx 13.1 \text{ m}$，故选 B。

七 长河落日圆
——直线与圆相切的意境

单车欲问边，属国过居延。

征蓬出汉塞，归雁入胡天。

大漠孤烟直，长河落日圆。

萧关逢候骑，都护在燕然。

——[唐]王维《使至塞上》

【文学视角】

这首纪行诗，既叙异域风光，又抒诗人感慨，一路写来，浑然天成。其中，"大漠孤烟直，长河落日圆"一联极其出色，千百年来被人们广泛传诵，成为写景的名句。该诗叙写了诗人奉命出使边塞的责任感和自豪感，以及塞外沙漠的壮景奇观，歌颂了大唐帝国的幅员辽阔、国力强盛和声威远震。有人将诗文翻译为：我乘车去边关慰问将士，途经的属国已过了居延。那千里飞蓬也飘出汉塞，北归的大雁正翱翔云天。浩瀚的沙漠中孤烟直上，无尽的黄河上落日浑圆。到萧关遇到了侦候骑士，他告诉我都护已在燕然。这种诗歌式翻译非常优美。

【数学眼光】

在平面几何中有一个概念叫作直线与圆相切，是指同一平面上的直线与圆有唯一的公共点。我们可以把远处横卧的长河视为一条直线，将临近河面逐渐下沉的一轮落日看作是一个圆。那么，当落日逐渐下落的时候，这

第一章 数学概念的意境

个"圆"与"直线"在某一时刻会相切。直线与圆相切正契合了"长河落日圆"这一句诗。

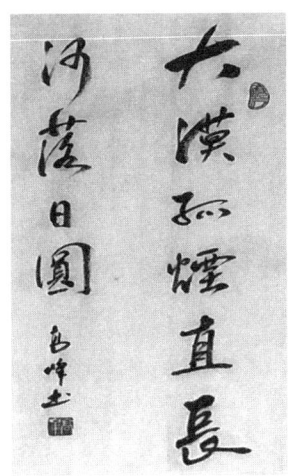

【学思悟行】

1. 背诵王维的《使至塞上》,并进一步理解诗文的内容及其文学含义。

2. 小组进一步交流学习《使至塞上》的心得。

3. 仔细体会"长河落日圆"的数学意境。

4. 猜谜:长河落日圆。(打一个数学术语)

5. 选择《使至塞上》中适当的诗句创作一幅书法或绘画、摄影作品。

6. 赏数学名题,品诗词意蕴:

已知⊙O的半径为 5 cm,圆心O到直线l的距离为 5 cm,则直线l与⊙O的位置关系为(　　)。

A. 相交　　B. 相切　　C. 相离　　D. 无法确定

分析:根据圆心到直线的距离等于圆的半径,得到直线和圆相切。

解:∵圆心到直线的距离 5 cm 等于圆的半径,∴直线和圆相切。故选 B。

八　海上生明月
——直线与圆的三种位置关系的意境

> 海上生明月，天涯共此时。
>
> 情人怨遥夜，竟夕起相思。
>
> 灭烛怜光满，披衣觉露滋。
>
> 不堪盈手赠，还寝梦佳期。
>
> ——[唐]张九龄《望月怀远》

【文学视角】

这是诗人月夜怀人之作，写景抒情并举，情景交融。情深意永，细腻入微。结构深入不紊，语言明快铿锵。其中"海上生明月，天涯共此时"高华浑融，为千古佳句，历来被人传诵。诗的意思是：一轮明月从海上升起，远在天涯的人与我同样望月，思念对方。亲人怨恨夜太长了，在经过整整一夜后，思念之情变得更加强烈。熄灭蜡烛怜爱这满屋的月光，披上衣服觉得露水渐渐重了。月光虽然可爱，却不能满满地捧在手里把它送给远方的亲人，倒不如回去睡觉，在梦中与亲人好好地相会。

【数学眼光】

《望月怀远》是诗人在背井离乡时，望见明月，思念远方亲人而写的。"海上生明月，天涯共此时"二句寄景抒情，出句写景，对句由景入情。诗人用朴实而自然的语言描绘出一幅生动画面：一轮皎月从东海那边冉冉升起，展现出一派无限广阔壮丽的动人景象。抽象成数学图形:明月从海面刚升起到离开海面的情形不正是直线和圆的相交、相切、相离的三种位置关系吗?正因明月深奥莫窥、遥远难测,才自然而然地勾起了诗人的不尽思念。

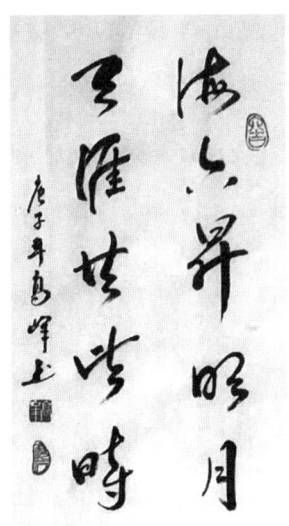

【学思悟行】

1. 背诵张九龄的《望月怀远》,并且进一步理解诗词的文学含义。

2. 猜谜:海上生明月。(打一个数学术语)

3. 赏数学名题,品诗词意蕴:

如图,AB 为 $\odot O$ 的直径,C 为 $\odot O$ 上一点,$\angle ABC$ 的平分线交 $\odot O$ 于点 D,$DE \perp BC$ 于点 E。

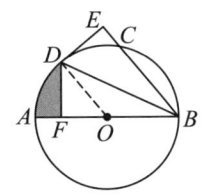

(1)试判断 DE 与 $\odot O$ 的位置关系,并说明理由。

(2)过点 D 作 $DF \perp AB$ 于点 F,若 $BE = 3\sqrt{3}$,$DF = 3$,求图中阴影部分的面积。

分析:(1)直接利用角平分线的定义结合平行线的判定与性质得出 $\angle DEB = \angle EDO = 90°$,进而得出答案;

(2)利用勾股定理结合扇形面积求法分别分析得出答案。

解:(1)DE 与 ⊙O 相切,理由:连接 DO,∵DO=BO,∴∠ODB=∠OBD,∵∠ABC 的平分线交 ⊙O 于点 D,∴∠EBD=∠DBO,∴∠EBD=∠BDO,∴DO∥BE,∵DE⊥BC,∴∠DEB=∠EDO=90°,∴DE 与 ⊙O 相切。

(2)∵∠ABC 的平分线交 ⊙O 于点 D,DE⊥BE,DF⊥AB,∴DE=DF=3,∵BE=$3\sqrt{3}$,∴BD=$\sqrt{3^2+(3\sqrt{3})^2}=6$,∵$\sin\angle DBF=\dfrac{3}{6}=\dfrac{1}{2}$,∴∠DBA=30°,∴∠DOF=60°,∴$\sin 60°=\dfrac{DF}{DO}$,得 $\dfrac{\sqrt{3}}{2}=\dfrac{3}{DO}$,∴DO=$2\sqrt{3}$,则 FO=$\sqrt{3}$,故图中阴影部分的面积为 $\dfrac{60\pi\times(2\sqrt{3})^2}{360}-\dfrac{1}{2}\times\sqrt{3}\times 3=2\pi-\dfrac{3\sqrt{3}}{2}$。

九　举头望明月,低头思故乡
——仰角、俯角的意境

> 床前明月光,
>
> 疑是地上霜。
>
> 举头望明月,
>
> 低头思故乡。
>
> ——[唐]李白《静夜思》

【文学视角】

这是诗人李白写远客思乡之情的诗,它以清新而朴素的笔触,抒写了丰富深曲的内容。表面上看,诗是那么的自然直白,那么的明白如话;实质上的效果是那么逼真动人,那么的意味深长,百读不厌,耐人寻味。诗的意思是:清秋之
夜,床前洒满皎洁的月光,恰似下了朦胧一片的霜。仰首只见天空中的一轮明月,我低头产生遐想,格外思念远方的家乡。

【数学眼光】

仰角是指视线在水平线上方,视线与水平线的夹角;俯角是指视线在水平线下方,视线与水平线的夹角。学生在学习这两种角之前,先朗诵一首李白的《静夜思》,然后由教师引导学生,用李白《静夜思》中的"举头望明月,低头思故乡"这两句诗来加以描述,的确非常形象、生动,本来觉得"味同嚼蜡"的两个角的定义一下子变得趣味横生,为学习仰角、俯角的概念增添了一份新的理解,真可谓"良好的开端是成功的一半"。

【学思悟行】

1. 背诵《静夜思》,并理解诗文的内容及其文学含义。

2. 上网搜索李白的生平介绍以及《静夜思》的写作背景。

3. 仔细体会"举头望明月,低头思故乡"的数学意境。

4. 猜谜:举头望明月,低头思故乡。(打两个数学名词)

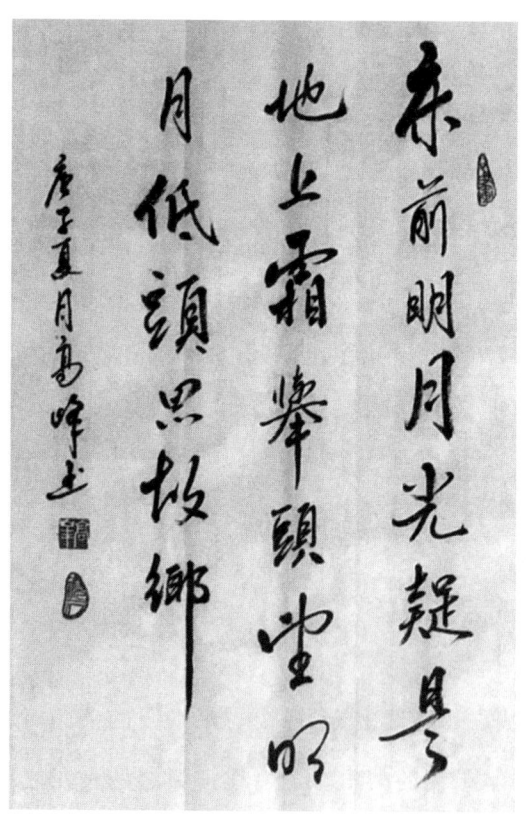

5. 赏数学名题,品诗词意蕴:

如图,从甲楼底部 A 处测得乙楼顶部 C 处的仰角是 $30°$,从甲楼顶部 B 处测得乙楼底部 D 处的俯角是 $45°$,已知甲楼的高 AB 是 120 m,则乙楼的高 CD 是多少米?(结果保留根号)

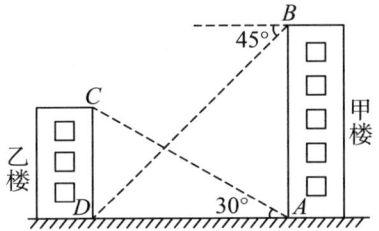

分析:利用等腰直角三角形的性质得出 $AB=AD$,再利用锐角三角函数关系得出答案。

解:由题意可得 $\angle BDA=45°$,则 $AB=AD=120$ m,又 $\because \angle CAD=30°$,$\therefore$ 在 Rt$\triangle ADC$ 中,$\tan\angle CAD=\tan30°=\dfrac{CD}{AD}=\dfrac{\sqrt{3}}{3}$,解得 $CD=40\sqrt{3}$ m。故答案为 $40\sqrt{3}$ m。

十 横看成岭侧成峰

——三视图的意境

> 横看成岭侧成峰,
> 远近高低各不同。
> 不识庐山真面目,
> 只缘身在此山中。
>
> ——[宋]苏轼《题西林壁》

【文学视角】

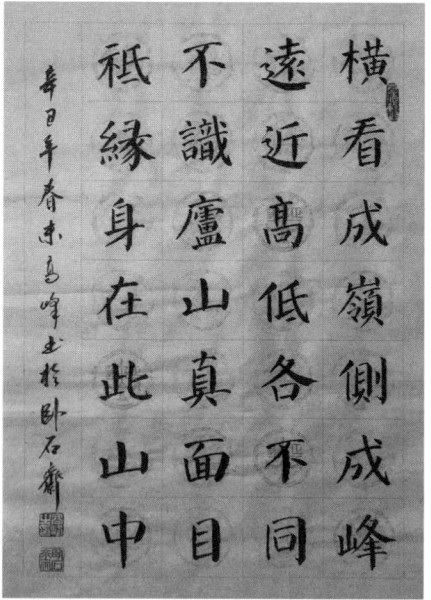

《题西林壁》是诗人游观庐山后而作的,开头两句实写游山所见。后两句是即景说理,谈游山的感悟。诗中有画,反映庐山奇特美景;诗含哲理,观察事物观点、立场不同,得到结论就会不同。诗的意思是:从正面看,庐山山岭连绵起伏,从侧面看,庐山山峰耸立。从远处与近处看,从高处与低处看庐山,庐山呈现各种不同的样子。我之所以不能认清庐山的真实面目,原来是因为我身处在庐山之中。

第一章　数学概念的意境

【数学眼光】

"横看成岭侧成峰,远近高低各不同"。从不同的角度、不同的方位看立体图形,得到的图形是不同的,三视图就是利用这个道理。从正面看、侧面看、俯视看,看到的通常是不同的图形。"横看成岭侧成峰,远近高低各不同"就是典型的三视图的意境。

【学思悟行】

1. 背诵《题西林壁》,并理解诗文的内容及其文学含义。

2. 上网搜索苏轼的生平介绍以及《题西林壁》的写作背景。

3. 小组交流学习《题西林壁》的心得。

4. 仔细体会"横看成岭侧成峰,远近高低各不同"的数学意境。

5. 猜谜:横看成岭侧成峰,远近高低各不同。(打一个数学名词)

6. 赏数学名题,品诗词意蕴:

一个几何体的主视图、左视图、俯视图完全相同,它可能是(　　　)。

A. 圆柱　　　　B. 圆锥　　　　C. 球　　　　D. 长方体

解:选 C。

十一　水底日为天上日，眼中人是面前人
——全等形、相似形的意境

水底日为天上日，

眼中人是面前人。

【文学视角】

传说这是宋代大臣寇准和杨亿合作而成的一副对联。这副对联将太阳比作自己奢望的东西，可望而不可即，人们却执迷不悟地要把它捞上来；自己真正需要的人其实就在自己的眼前，自己却没有发现，或是不懂得珍惜。这就是讽刺人们舍近求远，自己都不懂真正需要的是什么，只是一味地追求华而不实的东西。

【数学眼光】

从数学视角看，"水底日为天上日"是平面镜成像现象，在数学上具有"全等形"的意境；"眼中人是面前人"是凸透镜成像，在数学上具有"相似形"的意境。

第一章 数学概念的意境

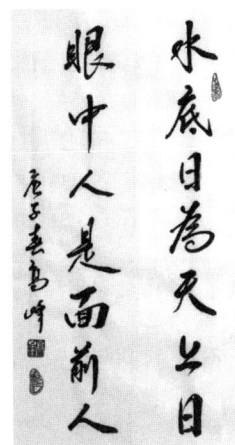

【学思悟行】

1. 理解"水底日为天上日,眼中人是面前人"的文学含义。

2. 上网搜索寇准的生平介绍以及写作此对联的故事。

3. 仔细体会"水底日为天上日,眼中人是面前人"的数学意境。

4. 猜谜:水底日为天上日,眼中人是面前人。(打两个几何名词)

5. 赏数学名题,品诗词意蕴:

在 $\triangle ABC$ 中,$AB=AC$,D 为 AC 中点,$DE \perp AB$,$DF \perp BC$,垂足分别为 E,F,且 $DE=DF$。求证:$\triangle ABC$ 是等边三角形。

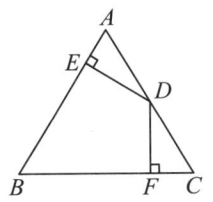

分析:只要证明 $Rt\triangle ADE \cong Rt\triangle CDF$,得到 $\angle A=\angle C$,进而有 $AB=BC$,又 $AB=AC$,即可推出 $AB=BC=AC$。

证明:$\because DE \perp AB$,$DF \perp BC$,垂足分别为 E,F,$\therefore \angle AED=\angle CFD=90°$,$\because D$ 为 AC 中点,$\therefore AD=DC$,在 $Rt\triangle ADE$ 和 $Rt\triangle CDF$ 中,

$\begin{cases} AD=DC, \\ DE=DF, \\ \angle AED=\angle CFD, \end{cases}$ $\therefore Rt\triangle ADE \cong Rt\triangle CDF$,$\therefore \angle A=\angle C$,$\therefore AB=BC$,

$\because AB=AC$,$\therefore AB=BC=AC$,$\therefore \triangle ABC$ 是等边三角形。

诗情·画意·数学眼光
换一种视角欣赏诗

十二 风正一帆悬
——三垂面的意境

客路青山外,行舟绿水前。

潮平两岸阔,风正一帆悬。

海日生残夜,江春入旧年。

乡书何处达?归雁洛阳边。

——[唐]王湾《次北固山下》

【文学视角】

  这是一首五律诗,抒写了诗人泛舟东游,停泊在北固山下,见潮平岸阔,残夜归雁而引发的怀乡情思,将写景、抒情、说理融于一体,全诗和谐而优美。首联两句中,诗人首先指出了他的旅途之路在青山下,小船行驶在绿水间。中间两联写江上的景色,反映诗人旅途的喜悦心情。尾联诗人触景生情表达了一丝思乡之情,使全文充满了情感和自然。诗文的意思是:滴翠的青山外是旅客的道路,碧波荡漾的江上正好行船。春潮涨满了江面显得又平又宽,顺风行舟恰好把帆儿高悬。黎明的残夜迎来了海日的晨曦,旧岁到头了,江南已有了春天的气息。寄出去的家信不知何时才能到达,希望北归的大雁替我捎到洛阳去。

【数学眼光】

  在立体几何中,有一个概念叫作两个平面互相垂直,其定义为:两个平面相交,若所成的二面角是直二面角,则称两个平面互相垂直。王湾的《次北固山下》:"潮平两岸阔,风正一帆悬。"水慢慢地涨起来,与两岸齐平,江面平静而无浪,站在船上的人视野越发开阔,风不大也不小,顺风没有把帆吹成曲面,妙在风正,恰好使帆悬挂着,风、帆、江面形成三垂面,蕴含着立体几何中面与面垂直的形象。

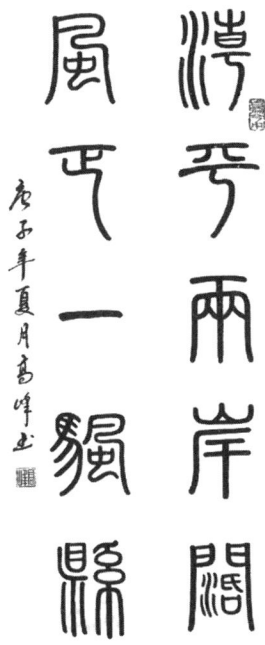

【学思悟行】

1. 背诵《次北固山下》,并理解诗文的内容及其文学含义。

2. 上网搜索王湾的生平介绍以及《次北固山下》的写作背景。

3. 小组交流学习《次北固山下》的心得。

4. 仔细体会"潮平两岸阔,风正一帆悬"的数学意境。

5. 猜谜：潮平两岸阔，风正一帆悬。（打一个数学术语）

6. 赏数学名题，品诗词意蕴：

如图，已知正方体 $ABCD-A_1B_1C_1D_1$ 的棱长为 1，则四棱锥 $A_1-BB_1D_1D$ 的体积为 _____。

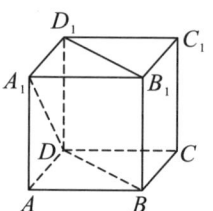

分析：求四棱锥 $A_1-BB_1D_1D$ 的体积，可运用割补法转化求解。

解：$V_{A_1-BB_1D_1D} = V_{A_1B_1D_1-ABD} - V_{A_1-ABD} = \dfrac{1}{2} - \dfrac{1}{3} \cdot \dfrac{1}{2} = \dfrac{1}{3}$。故答案为 $\dfrac{1}{3}$。

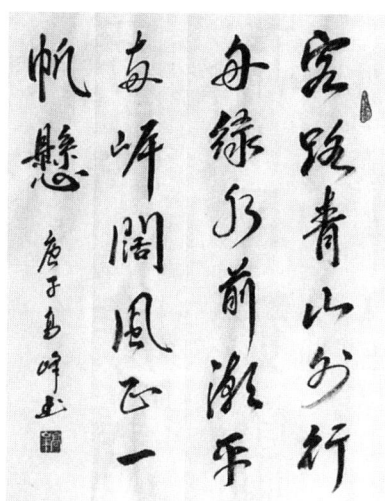

第一章 数学概念的意境

十三 两个黄鹂鸣翠柳,一行白鹭上青天
——点、线、面、体的意境

> 两个黄鹂鸣翠柳,
> 一行白鹭上青天。
> 窗含西岭千秋雪,
> 门泊东吴万里船。
>
> ——[唐]杜甫《绝句》

【文学视角】

杜甫这首《绝句》描写了诗人所住草堂周围生机勃勃的春天景色。前两句中,诗人以黄鹂悦耳动听的鸣唱、白鹭整齐划一的飞翔、柳条翩翩起舞的身姿、青天白云飘浮的广袤,多角度对这幅春意盎然的美景进行了细微的刻画。黄鹂、

白鹭、柳树、青天等不是孤立的存在。黄鹂成双成对居柳上而鸣,白鹭成群成行在清新的天际中飞翔,从下而上、由近及远地描绘出生动活泼、和谐美好的场景,抒发出诗人热爱自由、积极向上的情感。后两句"窗含西岭千秋雪,门泊东吴万里船"讲的是,诗人凭窗远眺,窗户上有远处长久积雪的西岭山上飘来的雪,而门口停泊着来自万里之外的东吴船只。诗人的视野从窗户至西岭、从门前至东吴,由近及远,展现早春晴天丽日、顽雪消融、江船一

诗情·画意·数学眼光
换一种视角欣赏诗

片忙碌的景象。后两句抒发出诗人漂泊不定、思念家乡、失望与希望交织的伤感。全诗四句是一句一景,呈现出四幅独立的图景。诗人寓情于景,草堂的春色、皑皑白雪、来来往往的船只构成一个统一的意境,寄托着诗人孤独而乏味的失落之意,更写出了诗人积极向上的情怀。诗文的意思:两只黄鹂在新绿的柳枝上鸣叫,一行整齐的白鹭笔直飞向蔚蓝的天空。我坐在窗前,可以望见对面的岷山上千年不化的积雪,门外停泊着来自东吴的万里航船。

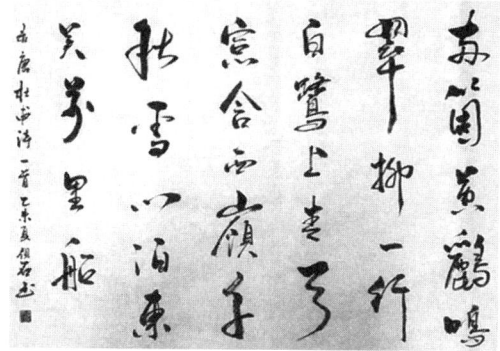

【数学眼光】

在几何学中,点是指有位置而没有大小的图形;线是指有长度而无粗细的图形,它可由点运动的轨迹生成;面是有长、宽而无厚薄之分的图形,它可由线运动的轨迹生成;体就是有点、有线、有面且有长、宽、厚的图形总体。从数学角度看杜甫这首《绝句》,"两个黄鹂鸣翠柳"中的黄鹂是"点"的意境,"一行白鹭上青天"中的"一行白鹭"是"线"的意境,"窗含西岭千秋雪"中的"西岭千秋雪"是"面"的意境,而"门泊东吴万里船"是一个立体的"空间体"。一首诗蕴含

第一章 数学概念的意境

了几何学中的"点""线""面""体"四个基本要素,创设了一种难以言表的美妙意境,不仅加深学生对"点""线""面""体"四个基本要素的理解,提高了学习数学的兴趣,更能提升学生的空间想象能力。

【学思悟行】

1. 朗读并理解杜甫《绝句》的内容及其文学含义。

2. 上网搜索杜甫《绝句》的写作背景。

3. 小组交流学习杜甫《绝句》的心得。

4. 仔细体会杜甫《绝句》的数学意境。

5. 猜谜:点、线、面、体。(打杜甫的一首诗)

6. 创作一幅以杜甫《绝句》为主题的摄影作品。

7. 赏数学名题,品诗词意蕴:

已知圆柱的上、下底面的中心分别为 O_1、O_2,过直线 O_1O_2 的平面截该圆柱所得的截面是面积为 8 的正方形,则该圆柱的表面积为( )。

A. $12\sqrt{2}\pi$ B. 12π C. $8\sqrt{2}\pi$ D. 10π

解:由题意,$(2r)^2 = 8$,$\therefore r = \sqrt{2}$,表面积 $S = 2\pi r^2 + 2\pi r \cdot 2r = 6\pi r^2$。$\therefore$ 当 $r = \sqrt{2}$ 时,$S = 6\pi(\sqrt{2})^2 = 12\pi$。因此选 B。

十四 "杨柳依依""年年柳色"
——圆多种含义的意境

昔我往矣,杨柳依依。

今我来思,雨雪霏霏。

行道迟迟,载渴载饥。

我心伤悲,莫知我哀!

——《诗经·小雅·采薇》(节选)

箫声咽,

秦娥梦断秦楼月。

秦楼月,年年柳色,灞陵伤别。

乐游原上清秋节,咸阳古道音尘绝。

音尘绝,西风残照,汉家陵阙。

——[唐]李白《忆秦娥》

【文学视角】

《采薇》是诗经《小雅》中的一首征战诗,是将士戍役劳还时之作。上面四句选自《采薇》,几乎是《诗经》三百篇中最美、最触人心弦的经典。"昔我往矣,杨柳依依",描写青青柳枝,依依含情,春风骀荡,离思缠绵。"今我来思,雨雪霏霏",描写莹莹雪片,凄凄幽冷,冬色悲凉,归路泥泞。"行道迟迟,载渴载饥",描写泥泞小道,坎坷不平,又渴又饥,疲惫不堪。"我心伤悲,莫知我哀",描写满心悲痛,哀毁骨立,此种感受,谁能体会!诗文的意思:回想我当初从军出征的时候,杨柳依依随风摆荡。而到如今在归途之中,天下起

第一章 数学概念的意境

了鹅毛大雪。行走在泥泞的道路上,感到非常艰难,我又饥又渴实在是劳累。我的内心充满了无比的悲伤,可是,又有谁能体会我如此的哀痛呢!

李白的《忆秦娥》全词围绕着女子怀念久别的丈夫这一主线展开。词的上片,写思妇在春夜闻箫时怀念丈夫的情景。词的下片,写思妇秋天游览长安名胜时,想念起丈夫而更添悲楚愁绪的心境。在诗人的笔下,不论是春天的月光、柳色、箫声,还是秋天的夕阳、西风、陵阙等景物,全都是为了渲染思妇怀念丈夫的内心情感所写的。特别是结尾两句,在情绪和声调上,显得十分悲壮,其境界与意义都超出了离情别绪的描绘,而成为抒发怀古伤时之作。诗文的意思:玉箫的声音如泣如诉、悲凉哀婉,秦娥从梦中惊醒时,举头凝望楼上,只有秦家的楼上正挂着一弦明月。望着那轮皎洁的明月,她想起了桥头边那年年依旧的青青柳色,想起了当年在桥头上深情的依依惜别。在冷落凄凉的秋日佳节,登上乐游原,遥望咸阳古道,依然不见夫君的音信和踪影。呈现在眼前的,只有那西风轻拂着夕阳的光照,眼前只有汉朝留下的坟墓和宫阙。

【数学眼光】

春天,柳条抽芽,诗人用柳条表示春天。柳,留也,古人折柳惜别,抒发离别感伤情怀。《采薇》中的"杨柳依依",表达了依依的眷恋和丝丝的牵挂之情。《忆秦娥》中的"年年柳色,灞陵伤别"表达了年年都是别离的感觉,在灞陵伤心地送别。这是诗歌中对同一物象的不同意境表达。但是,无论如何表达,其反映的惜别之情都蕴含其中。数学中的圆也有许多概念。例如,在中国古代,墨子给圆下了一个定义:"一中同长也。"数学中圆的概念也有多种表达。几何型定义:"平面

上到定点的距离等于定长的所有点组成的图形叫作圆。定点称为圆心,定长称为半径。"集合型定义:"在同一平面内到定点的距离等于定长的点的集合构成圆。"轨迹型定义:"平面上一动点以一定点为中心、一定长为距离运动一周的轨迹称为圆周,简称圆。""平面内一动点到两定点的距离平方之比,等于一个不为 1 的常数,则此动点的轨迹是圆。"在解析几何中,用 $(x-a)^2+(y-b)^2=r^2(r>0)$ 表示圆。也可以用参数方程 $\begin{cases}x=a+r\cos\theta\\y=b+r\sin\theta\end{cases}$,$(0\leqslant\theta<2\pi)$ 表示圆,而极坐标方程 $\rho=\theta$ 也表示圆。现在你是否有种感觉,"杨柳依依""年年柳色"蕴含着圆多种含义的意境呢?

【学思悟行】

1. 朗读《诗经·小雅·采薇》《忆秦娥》,并理解其文学含义。

2. 上网搜索《诗经·小雅·采薇》《忆秦娥》的写作背景。

3. 仔细体会《诗经·小雅·采薇》《忆秦娥》的数学意境。

4. 赏数学名题,品诗词意蕴:

如图,点 A,B,C,D 都在半径为 2 的 上,若 $OA\perp BC$,$\angle CDA=30°$,则弦 BC 的长为(   )。

A. 4　　　　B. $2\sqrt{2}$　　　　C. $\sqrt{3}$　　　　D. $2\sqrt{3}$

分析:根据垂径定理得到 $CH=BH$,$\overset{\frown}{AC}=\overset{\frown}{AB}$,根据圆周角定理求出 $\angle AOB$,根据正弦的定义求出 BH,计算即可。

解:$\because OA\perp BC$,$\therefore CH=BH$,$\overset{\frown}{AC}=\overset{\frown}{AB}$,$\therefore \angle AOB=2\angle CDA=60°$,$\therefore BH=OB\cdot\sin\angle AOB=\sqrt{3}$,$\therefore BC=2BH=2\sqrt{3}$。故选 D。

第二节

诵诗文,悟意蕴,用"数学眼光"欣赏诗之代数概念的意境

一 无之以为用
——0 的意境

三十辐共一毂,当其无,有车之用。

埏埴以为器,当其无,有器之用。

凿户牖以为室,当其无,有室之用。

故有之以为利,无之以为用。

——[春秋]老子《道德经·第十一章》

【文学视角】

在老子的哲学思想中"有"与"无"是相互对立和统一的,尤其是他的"有无相生"的辩证思想是极具深刻意义的。此文是老子对客观事物进行观察后对"有"和"无"的论述。本文的意思:正因为有车轮中心的空虚部分,才有车子的作用;正因为有陶器中间的空虚部分,才有容器的作用;房屋因为有了门和窗这些空虚的部分,才有房屋的作用。因此说,"有"之所以能被利用,就是因为"无"在起作用。

【数学眼光】

如果我们把关于"无"的认识和作用与今天数学中 0 的作用来比较,显然,老子"无"的意境就是"0"。在古人的头脑里,"有"是可计数的存在物。"结绳记事"表明必须有某物或某事,才有可能和其对应的绳结。绳结在量值上的表现,显然就是我们今天数学语言中的正整数或自然数。这种绳结与事或物在量上的相互对应性表明,人们最初对数的概念的形成起始于对"有"的认识。而"无"或者说"0"则是难以想象的,或者说是不可计数的非存在,即"无"是对"有"这种客观存在的否定。但是,从上面老子关于"有"与"无"的作用的辩证说明,以及他的"天下万物生于有,有生于无"的思想中可以看出,这种认识到了老子这里得到了彻底的修正。而这种修正,使我们的祖先在数的认识上有了一个很大的飞跃。事实上,在数学中,今天不会有人否认"0"这个在现实生活中似乎没多少意义的数字,虽然它是任何一个确定量的否定,但绝不是没有内容的。"0 比其他一切数都有更丰富的内容""0 是一切正数和负数的分界线""把 0 放在其他任何一个数的右边,按我们的记数法,它就使这个数增加十倍""0 乘任何一个数,都使这个数变成 0",等等,都是 0 的意境。

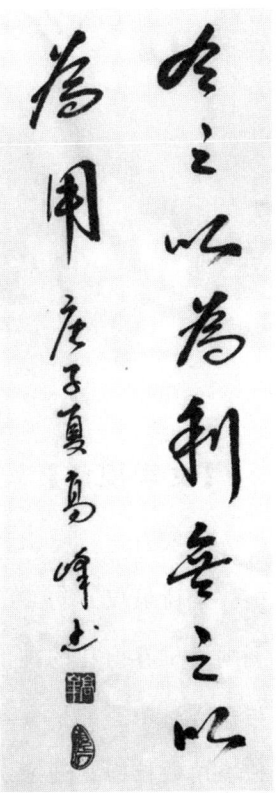

【学思悟行】

1. 朗读老子《道德经·第十一章》,并理解其内容及哲学含义。

2. 仔细体会老子《道德经·第十一章》的数学意境。

3. 猜谜:无之以为用。(打一个数字)

4. 以"我所认识的 0"为题写一首有关 0 的诗。

5. 赏数学名题,品诗词意蕴:

已知 a,b 满足 $(a-1)^2+\sqrt{b+2}=0$,则 $a+b=$ _____。

分析:直接利用非负性质得出 a,b 的值,进而得出答案。

解:$\because (a-1)^2+\sqrt{b+2}=0, \therefore a=1, b=-2, \therefore a+b=-1$。故答案为 -1。

二 墙角数枝梅
——用字母表示数的意境

墙角数枝梅,凌寒独自开。

遥知不是雪,为有暗香来。

——[宋]王安石《梅花》

【文学视角】

王安石这首咏梅诗吟咏的是早春之梅。全诗虽仅4句20字,却较为形象地刻画了早春梅花的神韵和香色。前两句写在颇有寒意的早春,万物皆未萌芽,唯独墙角数枝梅花迎寒绽开。后两句写梅花的香色,着眼于人们的视觉形象,含蓄地写梅花的纯净洁白。此诗巧妙地借用了宋代林逋《梅花》的诗句推陈出新。王

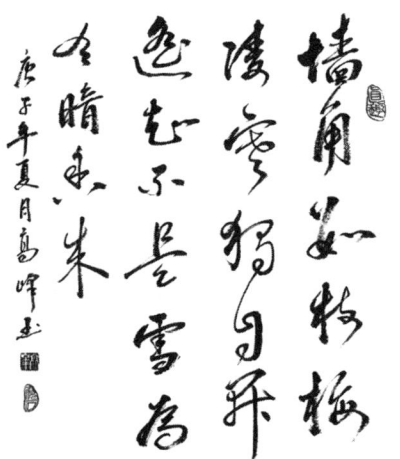

安石写的梅花,虽长在墙角但毫不自卑,洁白如雪,远远地散发着清香。诗人赞赏梅花不畏严寒的高洁品性,像雪般的冰清玉洁;赞赏梅花坚强高洁的人格所具有的伟大的魅力,因为那梅花淡淡的幽香早已经一阵一阵地飘过来了。诗文的意思:幽静处有几枝洁白的梅花,冒着严寒独自傲然盛开。我远远望去,就知道那洁白的一片肯定不是雪花,因为一阵阵幽香扑鼻而来。

第一章　数学概念的意境

【数学眼光】

用数学眼光看,诗中"数枝梅"可能是几枝?我们能想到的是3枝、6枝、9枝、10枝都是有可能的,真让我们产生奇妙的联想。可诗人王安石真了不起,仅用一个"数"就代替了。今天我们能不能从数学的角度,简洁形象地来表示这"数"枝梅呢?说到这里,大家的数学思路一下被打开了:可以用一个数学符号或一个字母表示,这是不是我们探究学习用字母表示数呀?这就是"墙角数枝梅"的数学意蕴所在。

【学思悟行】

1. 朗读王安石《梅花》,并理解其内容。

2. 仔细体会王安石《梅花》的数学意境。

3. 创作一幅以王安石的《梅花》为主题的书法作品。

4. 赏数学名题,品诗词意蕴:

一台"数值转换机"按下面的程序计算,如果输入的数是36,则输出的结果为106,要使输出的结果为127,则输入的最小正整数是_____。

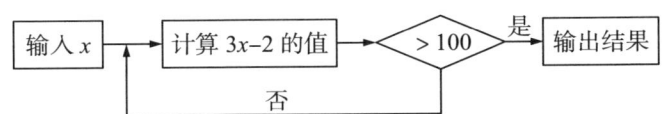

分析:根据输出的结果确定出 x 的所有可能的值即可。

解:当 $3x-2=127$ 时,$x=43$;当 $3x-2=43$ 时,$x=15$;当 $3x-2=15$ 时,$x=\dfrac{17}{3}$,不是整数,所以输入的最小正整数为15。故答案为15。

三　人有悲欢离合，月有阴晴圆缺
——相反意义的量的意境

> 明月几时有？把酒问青天。
> 不知天上宫阙，今夕是何年。
> 我欲乘风归去，又恐琼楼玉宇，
> 高处不胜寒。
> 起舞弄清影，何似在人间。
>
> 转朱阁，低绮户，照无眠。
> 不应有恨，何事长向别时圆？
> 人有悲欢离合，月有阴晴圆缺，
> 此事古难全。
> 但愿人长久，千里共婵娟。
>
> ——［宋］苏轼《水调歌头·明月几时有》

【文学视角】

此词是诗人中秋望月怀人之作，表达了诗人对胞弟苏辙的无限怀念。当诗人抬头遥望中秋明月时，其思绪犹如长上了翅膀，天上人间自由翱翔。词的上片写望月，既有作者怀逸兴壮思之情，高接混茫，而又脚踏实地，自具雅量高远。词的下片写怀人，即兼怀子由的怀念之情，由中秋的阴晴圆缺联想到人世间的离别，同时感念人生的离合无常。全词意境豪放且壮阔，情怀乐观且旷达，诗人借诗寄托对明月的向往之情，对人间的眷恋之意，以及那

第一章 数学概念的意境

浪漫动人的色彩,潇洒不羁的风格和行云流水一般的语言,给人以美的享受。这首词的意思:明月从什么时候才开始出现的?我端着酒杯问青天。不知道天上的神仙宫殿里,现在是何年何月。我想乘着风回到天上,又恐怕在美玉砌成的楼宇,受不住高耸九天的寒冷。我翩翩起舞玩赏着月下清影,好像置身天上,哪像是在人间?月光从朱红色楼阁的一面转到另一面,低低地洒在窗户上,照着没有睡意的自己。明月不该对人们有什么怨恨吧,为什么偏在亲人离别时才圆呢?人会经历悲欢离合,月有阴晴圆缺的转换,这种事自古以来难以周全。只希望这世上所有人的亲人能平安健康,即便远隔千里,也能共享这美好的月色。

【数学眼光】

在学习有理数时,必须学习到一个数学概念,就是相反意义的量。它是这样定义的:在现实生活中存在着各种各样的量,其中有一种量,他们的属性相同,但表示的意义却相反,我们把这样的量叫作相反意义的量。具有相反意义的量是成对出现的,单独一个量不能成为相反意义的量。生活中存在大量具有相反意义的量,例如向东和向西、西北和东南、向前和向后、向左和向右、上升和下降、零上和零下、收入和支出、盈利和亏本、买进和卖出等.词中的"人有悲欢离合,月有阴晴圆缺",反映的矛盾是普遍存在的,人有悲就有欢,悲与欢构成矛盾的对立统一体;月有晴就有阴,阴与晴同样构成矛盾的对立统一体。事物是变化发展的,从悲到欢,从阴到晴,都是在发展,在变化。用数学的眼光去看待,"悲"与"欢"、"离"与"合"、"阴"与"晴"、"圆"与"缺"都具有相反意义。在学习相反意义的量时,恰当地将苏轼的《水调歌头·明月几时有》引入课堂,用古诗词的意蕴展示数学的理性美,引领学生用全新的视角来审视抽象的数学,可以增强学生学习数学的乐趣。

【学思悟行】

1. 背诵并理解《水调歌头》的内容及其文学含义。

2. 上网搜索苏轼《水调歌头》的写作背景。

3. 小组交流学习《水调歌头》的心得。

4. 仔细体会"人有悲欢离合,月有阴晴圆缺"的数学意境。

5. 猜谜:人有悲欢离合,月有阴晴圆缺。(打一数学名词)

6. 赏数学名题,品诗词意蕴:

点 A 在数轴上的位置如图所示,则点 A 表示的数的相反数是_____。

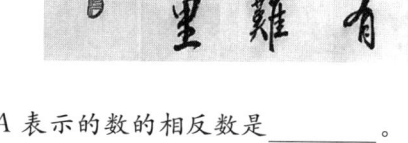

分析:点 A 在数轴上表示的数是 2,根据相反数的含义和求法,判断出点 A 表示的数的相反数是多少即可。

解:∵ 点 A 在数轴上表示的数是 2,∴ 点 A 表示的数的相反数是 -2。故答案为 -2。

四 善数,不用筹策
——指数的意境

善行无辙迹,

善言无瑕谪,

善数不用筹策,

善闭,无关楗则不可开,

善结,无绳约则不可解。

——[春秋]老子《道德经·第二十七章》(节选)

【文学视角】

老子说,真正的善就是顺道而行。对有道之人来说,天下没有可弃之物,也没有无用之人。这里,老子提出了善行、善言、善数、善闭、善结等"五善",这"五善"都是合乎大道的,这是老子高深智慧的具体反映,也是老子对自然无为思想的引申。本文的意思:一个善于行动的人,就不会留下痕迹;一个善于说话的人,就不会在言语上留下任何破绽;一个善于计数的人,即使不用筹码也能计算;一个善于闭守的人,虽然没有门闩,但他人也无法打开;一个善于捆缚的人,即使不用绳索别人也无法解开。其中,"善数,不用筹策"是中国古代的一个数学命题。算筹是在珠算发明以前中国独创且是最有效的记数和计算工具,中国古代数学的早期发达与持续发展都是受惠于算筹的,如十进制记数法就是在算筹的基础上发展而来的。此处的"善数"者"不用筹策",所指应为算筹以外的记数和计算方式。老子说:"道生

诗情·画意·数学眼光
换一种视角欣赏诗

一,一生二,二生三,三生万物。"人们要问:"为什么三不生四,而要生万物?"在后人对《道德经》的注释中,却没有一个人能讲清楚。

【数学眼光】

对于老子"为什么三不生四,而要生万物"的问题,联想到"指数"的意境,不难想到这是一个从指数到幂的转换的问题。

道→	一→	二→	三→	万
10^0→	10^1→	10^2→	10^3→	10^4

第一步,"万变不离其宗",故道是一,10^0 为一。"道可道,非常道",就此意义上说,道又是无,故指数为0。后三步,10^1 生 10^2,10^2 生 10^3。如果只讲指数的变化,则一生二,二生三,第四步,10^3 生 10^4。单纯讲指数,应该是指数3生指数4;单纯讲表达式,应该是10 的三次方(10^3)生 10 的四次方(10^4);单纯讲数,则应为"数之可千,推之可万"。老子将指数 3 和数字"万"结合,成了"三(即 10^3)生万物(即 10^4)"。指数计算器根据的原理,就是老子的"三(即 10^3)生万物(即 10^4)"的原则,就是运用以十为底的指数的问题,就是将乘法变为指数加减法的问题。老子讲,"善数不用筹策",运用常用指数,化简乘除、乘方、开方,是其意蕴所在。(这是作者发表的论文《数学眼光:换一种角度读老子》中内容,数学教学研究,2015.10,P2-9)

第一章 数学概念的意境

【学思悟行】

1. 朗诵并理解选录的老子《道德经·第二十七章》的内容。

2. 上网搜索老子《道德经》的写作背景。

3. 小组交流学习选录的老子《道德经·第二十七章》的心得。

4. 仔细体会"善数不用筹策"的数学意境。

5. 赏数学名题,品诗词意蕴:

计算:$2\sin 30°-(\pi-\sqrt{2})^0+|\sqrt{3}-1|+\left(\dfrac{1}{2}\right)^{-1}$。

分析:直接利用特殊角的三角函数值以及零指数幂的性质和负指数幂的性质分别化简得出答案。

解:原式$=2\times\dfrac{1}{2}-1+\sqrt{3}-1+2=1+\sqrt{3}$。

五 雁聚河流浊,羊群碛草膻
——集合的意境

> 槐柳野桥边,行尘暗马前。
> 秋风来汉地,客路入胡天。
> 雁聚河流浊,羊群碛草膻。
> 那堪陇头宿,乡梦逐漺溇。
>
> ——[唐]齐己《送人游塞》

【文学视角】

《送人游塞》这首诗描写了边塞的风景,主要表达游塞之人的思乡之情。诗人送人赴边的时候,以自己的所思所想去揣测赴边者的所思所想,以边塞的景色来渲染人的情绪,从而达到情景交融的境界。无论是表现思乡情感,还是寄托边境安宁的理想,无论是展现壮阔的边塞景象,还是描写边地艰苦恶劣的环境,都是从多方面反映该主题。诗文的意思:在那古桥边长着一棵棵槐树、柳树,行马踏起的沙尘淹没了马蹄。一阵阵秋风已经刮到了汉朝的领地,朋友在此时去北方边塞游历。南飞的大雁聚集的河流变混浊了,羊群在浅水滩里啃吃着草。我的朋友还在说着夜宿在边塞的不堪,做着回家乡的梦而泪流不止。

【数学眼光】

在数学中,集合概念是这样的:把一些能够确定的不同的对象看成一个整体,就说这个整体是由这些对象的全体构成的集合,其中,集合中每个对象称为这个集合的元素。诗句"雁聚河流浊,羊群碛草膻",字里行间蕴含着

"集合"概念,"雁群""羊群"都是同一类对象汇集在一起的全体,这就是我们所学习的集合。"雁聚河流浊",河流里的雁群是同一类对象在寻找着食物,将河水搅得浑浊;"羊群碛草膻",草地上的羊群是同一类对象在啃食青草,羊群啃光了草皮的地方变成了荒滩。两类动物,一类在河流里,一类在草地上,自然形成两个不同的集合。

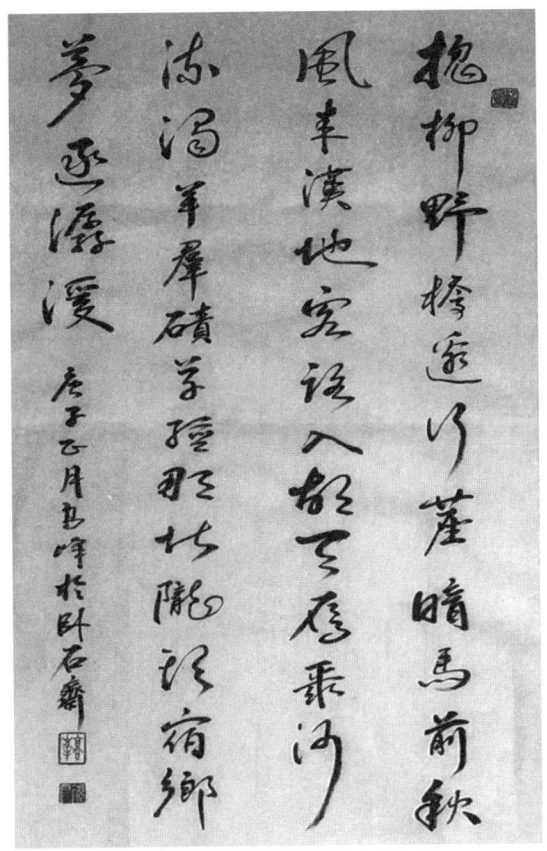

【学思悟行】

1. 朗读齐己的《送人游塞》,并理解其内容及文学含义。
2. 上网搜索齐己《送人游塞》的写作背景。

3. 小组交流学习《送人游塞》的心得。

4. 仔细体会"雁聚河流浊,羊群碛草膻"的数学意境。

5. 上网搜索其他一些蕴含"集合"意境的古诗词。

6. 赏数学名题,品诗词意蕴:

已知集合 $A=\{x\mid x^2-x-2>0\}$,则 $\complement_\mathbf{R}A$ 为( )。

A. $\{x\mid -1<x<2\}$

B. $\{x\mid -1\leqslant x\leqslant 2\}$

C. $\{x\mid x<-1\}\cup\{x\mid x>2\}$

D. $\{x\mid x\leqslant -1\}\cup\{x\mid x\geqslant 2\}$

解析:$\because A=\{x\mid x^2-x-2>0\}=\{x\mid (x-2)(x+1)>0\}=\{x\mid x<-1$ 或 $x>2\}$,$\therefore \complement_\mathbf{R}A=\{x\mid -1\leqslant x\leqslant 2\}$。

答案选 B。

六　一叶孤舟，坐着二三个骚客
——数列的意境

　　一叶孤舟，坐着二三个骚客，
　　启用四桨五帆，经由六滩七湾，
　　历尽八颠九簸，可叹十分来迟；
　　十年寒窗，进过九八家书院，
　　抛却七情六欲，苦读五经四书，
　　考了三番二次，今年一定要中。

——[宋]苏轼《苏东坡对联》

【文学视角】

　　传说这副对联是宋代大文豪苏东坡赴京赶考时即兴创作的。苏东坡年轻时与几个学友一起进京考试，等考场开考了，他们才姗姗来迟。考官说："我出一联，只要你们对出来了，我就让你们进考场。"考官出的上联是："一叶孤舟，坐着二三个骚客，启用四桨五帆，经由六滩七湾，历尽八颠九簸，可叹十分来迟。"苏东坡灵机一动，对出的下联是："十年寒窗，进过九八家书院，抛却七情六欲，苦读五经四书，考了三番二次，今年一定要中。"考官与苏东坡都将一至十这10个数字嵌入对联中，将读书人的艰辛与刻苦描写得酣畅淋漓，妙极，巧极！又相传，苏东坡与学友赴京赶考，因河流涨水，船只行进困难，耽搁时日，眼看应考就要迟到，学友叹曰："一叶孤舟，坐二三个骚客，启用四桨五帆，经由六滩七湾，历尽八颠九簸，可叹十分来迟。"苏东坡亦用数字入联劝勉道："十年寒窗，进九八家书院，抛却七情六欲，苦读五经四书，考了三番二次，今年一定要中！"

诗情·画意·数学眼光
换一种视角欣赏诗

夕月肖舟

【数学眼光】

朗读这副对联"一叶孤舟,坐着二三个骚客,启用四桨五帆,经由六滩七湾,历尽八颠九簸,可叹十分来迟;十年寒窗,进过九八家书院,抛却七情六欲,苦读五经四书,考了三番二次,今年一定要中",提取诗中数字,获得两列数 1,2,3,4,5,6,7,8,9,10 和 10,9,8,7,6,5,4,3,2,1。这两列数是否相同?显然不同,不过它们都是按照一定顺序排列着的一列数,我们称之为数列。同时,第一个数列是依次增加的,称为递增数列;第二个数列是依次减少的,称为递减数列。在一副对联中,数列的意境蕴含其中,真是妙不可言。

【学思悟行】

1. 朗诵苏东坡的对联,说说其文学含义。

2. 仔细体会苏东坡这副对联的数学意境。

3. 朗诵清代李元调的数列诗,其一:"一名大乔二小乔,三寸金莲四寸腰。买得五六七包粉,打扮八九十分娇。"其二:"月儿十九八分圆,七个才子六个癫。五更四点鸡三唱,二月怀抱一枕眠。"上网搜索其他一些蕴含数列意境的古诗词。

4. 赏数学名题,品诗词意蕴:

将 1 个 1,2 个 $\frac{1}{2}$,3 个 $\frac{1}{3}$,…,n 个 $\frac{1}{n}$(n 为正整数)顺次排成一列:$1, \frac{1}{2}, \frac{1}{2}, \frac{1}{3}, \frac{1}{3}, \frac{1}{3}, \cdots, \frac{1}{n}, \cdots, \frac{1}{n}, \cdots$,记 $a_1=1, a_2=\frac{1}{2}, a_3=\frac{1}{2}, \cdots, S_1=a_1, S_2=a_1+a_2, S_3=a_1+a_2+a_3, \cdots, S_n=a_1+a_2+\cdots+a_n$,则 $S_{2018}=$ _____。

分析：由 $1+2+3+\cdots+n=\dfrac{n(n+1)}{2}$，结合 $\dfrac{63\times 64}{2}+2=2\,018$，可得出前 $2\,018$ 个数里面包含：1 个 1，2 个 $\dfrac{1}{2}$，3 个 $\dfrac{1}{3}$，$\cdots$，63 个 $\dfrac{1}{63}$ 和 2 个 $\dfrac{1}{64}$，进而可得出 $S_{2\,018}=1\times 1+2\times \dfrac{1}{2}+3\times \dfrac{1}{3}+\cdots+63\times \dfrac{1}{63}+2\times \dfrac{1}{64}=63\dfrac{1}{32}$，此题得解。

解：$\because 1+2+3+\cdots+n=\dfrac{n(n+1)}{2}$，$\dfrac{63\times 64}{2}+2=2\,018$，

$\therefore$ 前 $2\,018$ 个数里包含：1 个 1，2 个 $\dfrac{1}{2}$，3 个 $\dfrac{1}{3}$，$\cdots$，63 个 $\dfrac{1}{63}$ 和 2 个 $\dfrac{1}{64}$，

$\therefore S_{2\,018}=1\times 1+2\times \dfrac{1}{2}+3\times \dfrac{1}{3}+\cdots+63\times \dfrac{1}{63}+2\times \dfrac{1}{64}$

$\qquad\quad =1+1+\cdots+1+\dfrac{1}{32}$

$\qquad\quad =63\dfrac{1}{32}$。

故答案为 $63\dfrac{1}{32}$。

七　孤帆远影碧空尽
—— 极限的意境

故人西辞黄鹤楼，

烟花三月下扬州。

孤帆远影碧空尽，

唯见长江天际流。

——[唐]李白《黄鹤楼送孟浩然之广陵》

【文学视角】

这首诗是李白在出蜀壮游期间创作的。李白与友人孟浩然这一场极富诗意的诗人的离别，对李白来说，也是带着一片神驰之情的离别，被诗人用阳春三月灿烂的美景，用放舟长江宽阔的画面，用孤帆远影目送的细节，生动地展现出来。该诗在寄托诗人送别友人时无限依恋之情的同时，也歌颂了祖国壮丽河山的美好。诗文的意思是：老朋友向我频频挥手，告别了黄鹤楼；在欣欣向荣、春花烂漫的阳春三月去扬州。友人的孤船帆影渐渐地远去，消失在碧空的尽头，只看见长江水奔腾不息地流向天边。

【数学眼光】

数学中有一种概念称为"极限"，说的是某一个函数中的某一个变量，此变量在变大（或者变小）的永远变化的过程中，逐渐向某一个确定的数值 A 不断地逼近而"永远不能够重合到 A"的过程中，此变量的变化，被人为规定为"永远靠近而不停止"、其有一个"不断地极为靠近 A 点的趋势"。极限是

第一章 数学概念的意境

一种"变化状态"的描述。此变量永远趋近的值 A 称为"极限值"(当然也可以用其他符号表示)。"孤帆远影碧空尽,唯见长江天际流"从数学视角看,蕴含了极限的意境。"孤帆远影碧空尽"一句,描述了"孤帆"远影的大小(变量)趋向于 0 的动态意境。碧空"尽",在数量上孤帆大小的最后归宿是 0。"孤帆远影碧空尽",是经历了航行中无数时刻的连续变化过程,可以用数学符号表示出来:当 $t \to t_0$ 时,$X_t \to 0$。此处 t_0 表示"孤帆"消失的那一时刻,X_t 表示在时刻 t 可以观察到的"孤帆"大小。在 $t \to t_0$ 的过程中,时间连续变化,经历了无穷多的时刻。

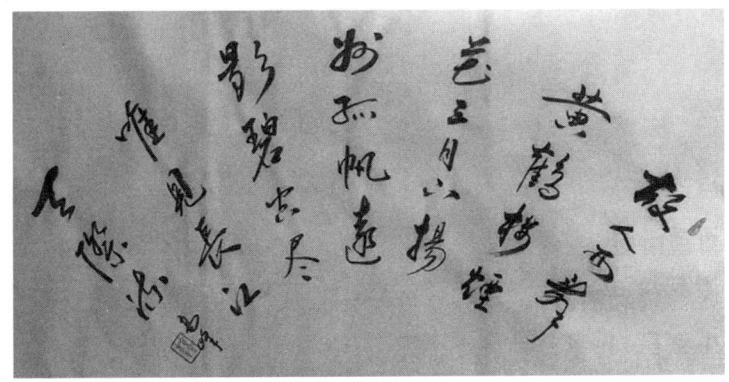

【学思悟行】

1. 背诵《黄鹤楼送孟浩然之广陵》,并理解其文学含义。

2. 上网搜索李白《黄鹤楼送孟浩然之广陵》的写作背景。

3. 仔细体会"孤帆远影碧空尽,唯见长江天际流"的数学意境。

4. 赏数学名题,品诗词意蕴:

如图,在 $\triangle ABC$ 的边 AC 所在的直线绕点 A 按逆时针方向旋转的过程中,直线 AC 与边 BC 的延长线分别交于点 C_1,C_2,

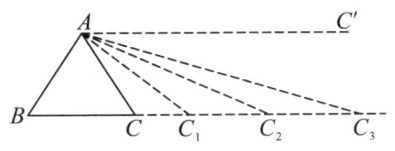

诗情·画意·数学眼光
换一种视角欣赏诗

$C_3\cdots$当直线AC绕点A旋转到$AC'/\!/BC$时,测量$\angle BAC'$的度数,你发现了什么?

显然,此处对三角形内角和等于$180°$的"证明"借助于两条平行直线$BC/\!/AC'$,当直线$BC/\!/AC'$时,恰是直线AC绕点A旋转的极限位置,此处是方法的精髓。

数学的极限思想是用发展的眼光来看待和处理问题的,是数学中重要的思想方法之一,今后要学习更加庞大的"极限"体系:如微积分中变量与不变的思想,有穷与无穷的理论。极限从哲学角度上看清有限与无限、直与曲、近似与精确等对立统一规律,蕴含着大量的辩证思想。

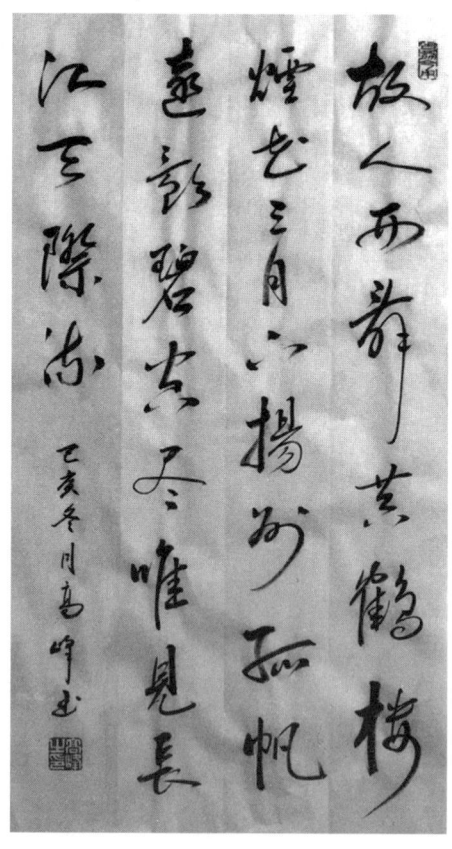

八　一枝红杏出墙来
——无界变量的意境

> 应怜屐齿印苍苔,
> 小扣柴扉久不开。
> 春色满园关不住,
> 一枝红杏出墙来。
>
> ——[宋]叶绍翁《游园不值》

【文学视角】

这首小诗写诗人春日游园赏花的所见所感,写得十分形象而又富有情趣。诗文的意思:园主人大概是怕我在园里的青苔地上印上屐齿痕吧,所以我长时间轻轻敲击柴门他也不肯开。满园的美好春色是关不住的,园里的一枝红杏已经伸到墙外来了。诗句构思奇特,景中含情,景中寓理,启示人们一切新生的美好事物是禁锢不了的,它必能冲破任何束缚,蓬勃发展。

【数学眼光】

"春色满园关不住,一枝红杏出墙来"具有微积分中无界变量的意境。

实际上,无界变量是说,无论你设置怎样大的正数 M,因变量总会超出你的范围,总有一个因变量的绝对值会超过 M。于是,M 可以比喻成园子,因变量相当于红杏,结果是总有一枝红杏越出园子的范围。诗的比喻如此恰切,其意境把枯燥的数学语言形象化了。

诗情·画意·数学眼光
换一种视角欣赏诗

春色满园关不住
一枝红杏出墙来

【学思悟行】

1. 背诵《游园不值》，并理解其内容及文学含义。

2. 上网搜索叶绍翁《游园不值》的写作背景。

3. 小组交流学习《游园不值》的心得。

4. 仔细体会"春色满园关不住，一枝红杏出墙来"的数学意境。

5. 创作一幅以《游园不值》为主题的书法或绘画、摄影作品。

6. 猜谜：春色满园关不住，一枝红杏出墙来。（打一数学名词）

九 无边落木萧萧下
——无限的意境

> 风急天高猿啸哀,渚清沙白鸟飞回。
> 无边落木萧萧下,不尽长江滚滚来。
> 万里悲秋常作客,百年多病独登台。
> 艰难苦恨繁霜鬓,潦倒新停浊酒杯。
>
> ——[唐]杜甫《登高》

【文学视角】

这是一首最能代表杜甫诗文风格的七言律诗。诗中景象苍凉阔大、气势雄浑。前两联写登高所见之景,后两联抒登高感触之情。由情选景,寓情于景,浑然一体,充分表达了诗人长年漂泊、忧国伤时、老病孤愁的复杂感情,而格调却雄壮高爽,慷慨激越,高浑一气,古今独步。诗文的意思:风急天高猿猴啼叫,显得十分悲哀,水清沙白的河洲上有鸟儿在盘旋。无边无际的树林里,落叶萧瑟地飘下,望不到头的长江水滚滚奔腾而来。悲对秋景,作者感慨万里漂泊常年为客,一生当中疾病缠身,今日只能独上高台。作者历尽了艰难苦恨,白发长满了双鬓,穷困潦倒偏又停了浇愁的酒杯。

【数学眼光】

学生在念小学时就知道,自然数是无限多的,线段向两端无限延长就是直线。平行线是无限延长而不相交的。无限,是人类直觉思维的产物。数学,则是正面进攻"无限"的科学。无限有两种:其一是没完没了的"潜无限",其二是"将无限一览无余"的"实无限"。我们关注杜甫《登高》的第三、第四两句:"无边落木萧萧下,不尽长江滚滚来"。前句指的是"实无限",即实实在在全部完成了的无限过程、已经被我们掌握了的无限。"无边落木"就是指"所有的落木",这个实无限集合已被我们一览无余。后句则是所谓"潜无限",它没完没了,不断地"滚滚"而来。尽管眼前的江水还是有限的,江水的奔流却永远不会停止。数学的无限显示出"冰冷的美丽",杜甫诗句中的"无限"则体现出悲壮的人文情怀,在意境上,彼此是相通的。

【学思悟行】

1. 朗读《登高》,并理解其内容及文学含义。

2. 上网搜索杜甫的生平介绍以及《登高》的写作背景。

3. 小组交流学习《登高》的心得。

4. 仔细体会"无边落木萧萧下,不尽长江滚滚来"的数学意境。

5. 猜谜:无边落木萧萧下,不尽长江滚滚来。(打一数学名词)

6. 选择《登高》中的句子创作一幅书法或绘画、摄影作品。

第一章 数学概念的意境

十 寻隐者不遇
——概率的意境

> 松下问童子,
>
> 言师采药去。
>
> 只在此山中,
>
> 云深不知处。
>
> ——[唐]贾岛《寻隐者不遇》

【文学视角】

本诗以问答的形式,记叙"寻隐者不遇"这件事,表现了隐者的思想和性格。隐者虽未出现,但通过侧面描写,他的形象已十分清晰地展现出来。诗文的意思:苍松下,我询问了年少的学童,他说:"师傅已经去了山中采药。"只知道他在这座大山里,可是林深云密,不知他的行踪。

【数学眼光】

古代诗人访友,往往见不到对方,因此留下了许多脍炙人口的"不遇诗"。唐代贾岛的《寻隐者不遇》就是一个例子。"松下问童子,言师采药去。只在此山中,云深不知处。"这首诗看似简单明了,但是其中蕴含了数学中的"可能性"思想。可能性是指事物发生的概率,是包

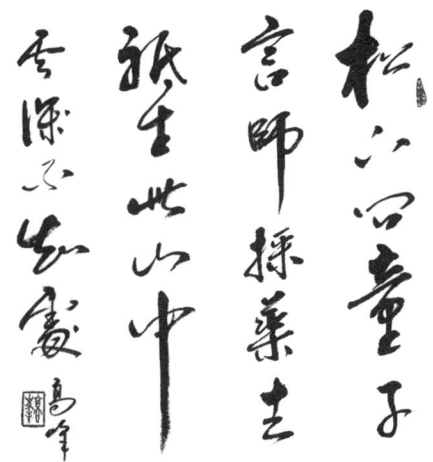

含在事物之中并预示着事物发展趋势的量化指标。从诗人的角度来看,诗人去拜访隐者,有一个前提性的假设:隐者是在家的。从概率的角度分析,对未来事件的预测,隐者在家与不在家的概率各占百分之五十。诗人到了之后,发现隐者不在家的可能发生了,因此,诗人拜访隐者不遇,才写下此诗。

【学思悟行】

1. 背诵《寻隐者不遇》,并理解其文学含义。

2. 上网搜索贾岛的生平介绍以及《寻隐者不遇》的写作背景。

3. 小组交流学习《寻隐者不遇》的心得。

4. 仔细体会《寻隐者不遇》的数学意境。

5. 赏数学名题,品诗词意蕴:

中华文化源远流长。下图是中国古代文化符号的太极图,圆中的黑色部分和白色部分关于圆心成中心对称。在圆内随机取一点,则此点取黑色部分的概率是_____。

分析:根据中心对称图形的性质,得到圆中的黑色部分和白色部分面积相等,所以此点取黑色部分和白色部分的概率相等。

解:∵圆中的黑色部分和白色部分关于圆心成中心对称,∴圆中的黑色部分和白色部分面积相等,∴在圆内随机取一点,则此点取黑色部分的概率是 $\frac{1}{2}$。故答案为 $\frac{1}{2}$。

注:本题利用面积估计概率,结合生活中常见的图形,渗透了一定的人文教育价值。掌握中心对称图形的知识、理解概率的计算方法是解题的关键。

十一　枯藤老树昏鸦
——排列组合的意境

> 枯藤老树昏鸦，
> 小桥流水人家，
> 古道西风瘦马。
> 夕阳西下，
> 断肠人在天涯。
>
> ——[元]马致远《天净沙·秋思》

【文学视角】

马致远的这首小令生动地表现了一个长期流落异乡的人的悲哀。小令句法别致，前三句"枯藤老树昏鸦""小桥流水人家""古道西风瘦马"，全由名词性词组构成，一共列出九种景物"枯藤""老树""昏鸦""小桥""流水""人家""古道""西风""瘦马"，言简而义丰。"断肠人在天涯"是点睛之笔，抒发了一个飘零天涯的游子在秋天思念故乡、愁肠绞断、倦于漂泊的愁思之情。这首小令寄情于物，把愁思之情，通过众多自然景物的鲜明形象，刻画得淋漓尽致。这首小令的意思是：

黄昏时刻,我远远望去,乌鸦正在寻觅枯藤老树栖息;再近看眼前,小桥下流水潺潺,几户人家飘荡着炊烟。眼前那荒凉的古道上,只有一匹瘦马驮着漂泊的游子在缓缓前行。看夕阳早已西沉,羁旅在外漂泊的断肠人浪迹天涯。

【数学眼光】

在组合学中,有两个最基本的概念——排列与组合。什么叫作排列呢?排列就是指从给定个数的元素中取出指定个数的元素进行排序。什么叫作组合呢?组合就是指从给定个数的元素中取出指定个数的元素,但不考虑排序。有无顺序是排列、组合的一个最大的区别。马致远的《天净沙·秋思》被学者认为是"并列式意象组合"的典范。全曲十个意象,前九个自然地分为三组。枯藤、老树、昏鸦是第一组,藤缠树,树上落鸦,是由下及上的排列;小桥、流水、人家是第二组,桥,桥下水,水边住家,是由近及远的排列;古驿道、道上西风、瘦马是第三组。这正是排列组合思想的意蕴。

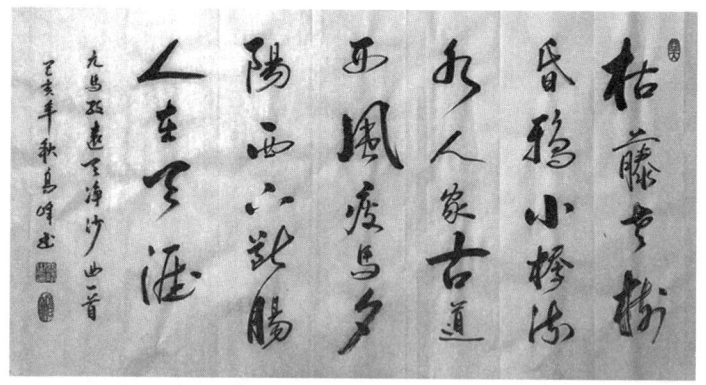

【学思悟行】

1. 朗读《天净沙·秋思》的内容,并理解其文学含义。

2. 上网搜索马致远的生平介绍以及《天净沙·秋思》的写作背景。

3. 小组交流学习《天净沙·秋思》的心得。

4. 仔细体会"枯藤老树昏鸦,小桥流水人家,古道西风瘦马"的数学意境。

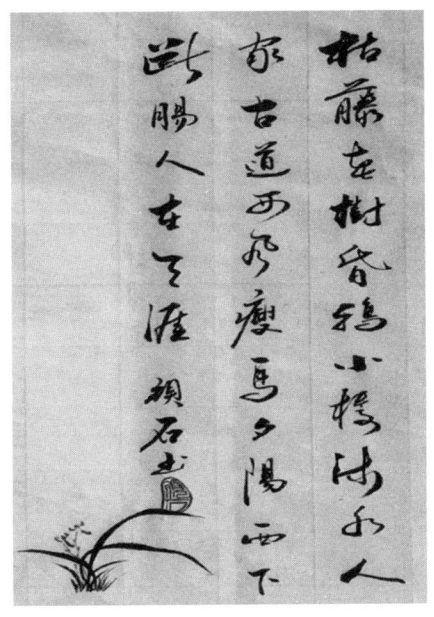

5. 选择《天净沙·秋思》中的句子,创作一幅书法作品。

6. 赏数学名题,品诗词意蕴:

用数字1,2,3,4,5组成没有重复数字的五位数,其中奇数的个数为(　　)。

A. 24　　　　B. 48　　　　C. 60　　　　D. 72

分析:解决此类问题的关键是清楚排列和组合的区别,在解决问题的过程中要注意"特殊元素优先考虑,特殊位置优先安排"的思想。

解:由题意,要组成没有重复的五位奇数,则个位数应该为1,3,5,其他位置共有A_4^4,所以其中奇数的个数为$3A_4^4=72$。故选D。

十二 太极生两仪,两仪生四象
——笛卡儿坐标系的意境

《易》有太极,

是生两仪,

两仪生四象,

四象生八卦。

——[春秋]孔子《易传·系辞上·第十一章》(节选)

【文学视角】

太极,一般是指宇宙最原始的秩序状态,两仪通常指阴阳,四象是指四时(春夏秋冬),八卦是指"乾、坎、艮、巽、震、坤、兑、离"这八种卦象。所谓卦,其实是古代先民通过测量太阳位置,从而知季节、记录劳作规律的手段。这段文字的意思:万物化生,产生出阴、阳二极;因阴阳有别,所以产生

了春、夏、秋、冬四季节变化,春冬寒凉(即是阴),夏秋炎热(即是阳);因有了四季,古代先民就掌握了春耕、秋收的各种季节规律,也懂得了如何辨别方向。他们先将方向按东、南、西、北分,再将这四个方向进一步分为东南、西南、东北、西北这四个方向,最后将它们合为八方,并为每一方定一个卦象,这样就能作为记录劳作规律的手段了。

第一章 数学概念的意境

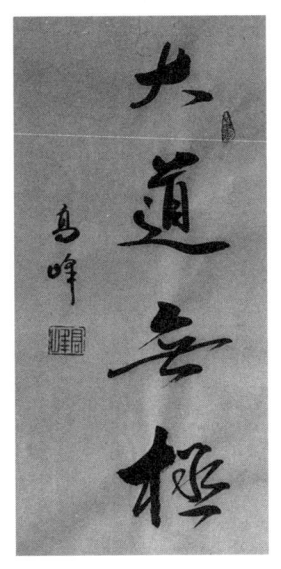

【数学眼光】

笛卡儿是法国著名哲学家、物理学家、数学家,他创建了如下的笛卡儿坐标系。以空间中一点 O 为原点,建立三条两两垂直的数轴:x 轴、y 轴和 z 轴,得到了空间直角坐标系 $Oxyz$。其中点 O 叫作坐标原点,三条轴统称为坐标轴,由坐标轴确定的平面称为坐标平面。笛卡儿创建的坐标系与"《易》有太极,是生两仪,两仪生四象,四象生八卦"有着异曲同工之妙。太极生两仪对应数轴的正轴和负轴,两仪生四象对应平面直角坐标系的四个象限,四象生八卦对应空间直角坐标系的八个卦限。八卦图解读天意人事沧桑,坐标系架构数学万千数据,这是一种怎样的默契贴合!

【学思悟行】

1. 理解"《易》有太极,是生两仪,两仪生四象,四象生八卦"的含义。

2. 上网搜索孔子的生平介绍以及《易传·系辞》的写作背景。

3. 小组交流学习"《易》有太极,是生两仪,两仪生四象,四象生八卦"的心得。

4. 仔细体会"《易》有太极,是生两仪,两仪生四象,四象生八卦"的数学意境。

5. 上网搜索了解《周易》的相关内容介绍。

6. 赏数学名题,品诗词意蕴:

在平面直角坐标系中,若点 $P(m-2, m+1)$ 在第二象限,则 m 的取值范围是(　　)。

A. $m < -1$　　　　B. $m > 2$　　　　C. $-1 < m < 2$　　　　D. $m > -1$

分析:根据第二象限内点的横坐标是负数、纵坐标是正数列出不等式组求解即可。

解:∵点 $P(m-2, m+1)$ 在第二象限,∴ $\begin{cases} m-2 < 0, \\ m+1 > 0, \end{cases}$ 解得 $-1 < m < 2$。

故选 C。

十三　高卧横眠得自由
——向量的意境

> 放出沩山水牯牛，
> 无人坚执鼻绳头。
> 绿杨芳草春风岸，
> 高卧横眠得自由。
>
> ——[唐]怀海禅师《放出沩山水牯牛》

【文学视角】

唐代僧人怀海禅师的《放出沩山水牯牛》是一首七言绝句。该诗以牛的行止坐卧、无人约束，表达了诗人对自由的追求与向往之情。这首诗围绕"自由"二字，以牛作喻，由野性未驯，到心性自然合道，泯灭色界，万象合一，从而达到"高卧横眠得自由"的境界。

【数学眼光】

中学研究的向量又叫作自由向量，自由向量规定向量在空间中可以自由平移而不发生改变。自由向量的特点是与起点无关，起点可平移到任何位置，是为"自由"；向量不仅有大小，而且有方向，是为精确。然而，正是与起点的无关性，才有了任意两个向量可以相加、相减、相乘（作内积）的定义；正是有了这种"不管起点在哪"的随性，才有了自由向量的自由性、精确性。向量的这种自由性正如怀海禅师《放出沩山水牯牛》诗中所言："放出沩山水牯牛，无人坚执鼻绳头。绿杨芳草春风岸，高卧横眠得自由。"学好中学数学，有时要具备这种自由的思想。

诗情·画意·数学眼光
换一种视角欣赏诗

【学思悟行】

1. 朗诵怀海禅师的《放出沩山水牯牛》,并理解其含义。

2. 上网搜索怀海禅师的人物介绍以及《放出沩山水牯牛》的写作背景。

3. 小组交流学习《放出沩山水牯牛》的心得。

4. 仔细体会"高卧横眠得自由"的数学意境。

5. 赏数学名题,品诗词意蕴:

已知向量 $\vec{a}, \vec{b}$ 满足 $|\vec{a}|=1, \vec{a} \cdot \vec{b}=-1$,则 $\vec{a} \cdot (2\vec{a}-\vec{b})$ 等于(　　)。

A. 4　　　　　B. 3　　　　　C. 2　　　　　D. 0

解:$\vec{a} \cdot (2\vec{a}-\vec{b})=2|\vec{a}|^2-\vec{a} \cdot \vec{b}=2 \times 1-(-1)=3$。故选 B。

第二章

原理思想的意境

第三节
诵诗文，悟意蕴，用"数学眼光"欣赏诗之数学原理的意境

一 道生一，一生二
——自然数公理的意境

道生一，一生二，二生三，三生万物。

万物负阴而抱阳，冲气以为和。

——[春秋]老子《道德经·第四十二章》(节选)

【文学视角】

《道德经》又称《道德真经》，是春秋时期老子（李耳）的韵文哲理诗，是道家哲学思想的重要来源。"一"是老子用以代替"道"这一概念的数字表示，即"道"是绝对无偶的。"二"指阴气、阳气。"道"的本身包含着对立的两方面。阴阳二气所含育的统一体即是"道"。因此，对立着的双方都包含在"一"中。"三"即是由两个对立的方面相互矛盾冲突所产生的第三者，进而生成万物。本文句是说，"道"按着"道"的法则演化成一种混沌状态，进而生成阴阳二气，阴阳二气交合而生成和气，阴阳二气再加上和气，共同生成了宇宙万物。因此，在老子眼里，宇宙的万事万物都是由三气生成。

【数学眼光】

"道生一，一生二，二生三，三生万物。"这岂不是中国版的自然数公理？西方的皮亚诺公理使用"后继"的运算描述自然数的形成，老子则使用"生"这一动词，给出了自然数序列的发生过程，二者在意境上完全相通。老子《道德经》中"道生一，一生二，二生三，三生万物"被看成自然数公理的本意。这句话包含了自然数的3个特征，需要我们再认识：(1)自然数从0开始，道相当于0;(2)自然数一个接着一个,由0到1(道生一),由1到2(一生二),再由2到3(二生三),后者总是前者的继续;(3)自然数集是无限的,三生万物,这里的"万"泛指无穷多,永无穷尽。自然数公理就是老子《道德经》中"道生一,一生二,二生三,三生万物"的意境。

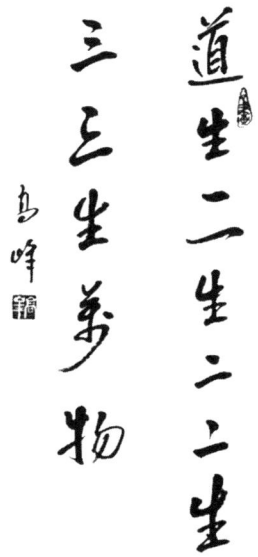

【学思悟行】

1. 背诵并理解"道生一,一生二,二生三,三生万物。万物负阴而抱阳,冲气以为和"的文学含义。

2. 上网搜索老子的生平介绍以及《道德经》的写作背景。

3. 小组交流学习"道生一,一生二,二生三,三生万物。万物负阴而抱阳,冲气以为和"的心得。

4. 仔细体会"道生一,一生二,二生三,三生万物"的数学意境。

5. 赏数学名题,品诗词意蕴:

观察下图所示的一系列图形,它们是按一定规律排列的,依照此规律,第2 018个图形共有_____个〇。

分析:每个图形的最下面一排都是1,另外三面随着图形的增加,每面的个数也增加,据此可得出规律,即可求得答案。

解:观察图形可知,第1个图形共有 $1+1×3$ 个〇,第2个图形共有 $1+2×3$ 个〇,第3个图形共有 $1+3×3$ 个〇,…,第 n 个图形共有 $1+3n$ 个〇,∴第2 018个图形共有 $1+3×2\ 018=6\ 055$ 个〇。故答案为6 055。

二 玉人何处教吹箫
——方程的意境

> 青山隐隐水迢迢,
> 秋尽江南草未凋。
> 二十四桥明月夜,
> 玉人何处教吹箫?
>
> ——[唐]杜牧《寄扬州韩绰判官》

【文学视角】

这是诗人杜牧的一首调笑诗。前两句描写想象中江南的秋日美好风光,三四两句描写扬州特有的美景佳胜"二十四桥明月夜",回忆想象织成的小桥明月教吹箫的生活图景,寄托了对往日旧游之地的思念,含蓄地表现了对友人的善意调侃。诗文的意思:青山是那样的隐隐起伏,江流是那样的千里迢迢。尽管秋日已尽,但是江南草木仍未凋落。在二十四桥那明月映照的幽幽清夜啊,我的老朋友,你这美丽之人,现在哪里教别人吹箫呢?

【数学眼光】

众所周知,含有未知数的等式叫作方程,求出方程中所有未知数的值的过程叫作解方程。数学与诗词有着密切的关系,把古诗词移植于数学园地,使数学苑新增奇葩,让人们从诗词欣赏中领略数学之妙趣。"二十四桥明月夜,玉人何处教吹箫?"杜牧在明月高悬之夜,回想起老友韩绰,却不知玉人于何处听人吹箫而发问,恰似数学中给出方程式而未解。因此,这在数学上寓为"解方程"。

诗情·画意·数学眼光
换一种视角欣赏诗

【学思悟行】

1. 背诵杜牧的《寄扬州韩绰判官》,并理解其文学含义。

2. 上网搜索杜牧的生平介绍以及《寄扬州韩绰判官》的写作背景。

3. 仔细体会"二十四桥明月夜,玉人何处教吹箫"的数学意境。

4. 赏数学名题,品诗词意蕴:

已知一元二次方程 $x^2+k-3=0$ 有一个根为1,则 k 的值为( )。

A. -2 B. 2   C. -4 D. 4

分析:根据一元二次方程的解的定义,把 $x=1$ 代入方程得关于 k 的一次方程 $1-3+k=0$,然后解一次方程即可。

解:把 $x=1$ 代入方程得 $1+k-3=0$,解得 $k=2$。故选B。

三 只在此山中,云深不知处
——存在性定理的意境

> 松下问童子,
>
> 言师采药去。
>
> 只在此山中,
>
> 云深不知处。
>
> ——[唐]贾岛《寻隐者不遇》

【文学视角】

这是一首问答体的五言绝句。诗人采用了寓问于答的手法,来了个形式上的一问三答、一唱三叹,情节上的一波三折,四句开合,直中有婉,婉中有直,彰显隐者高致,使得整个小诗韵味无穷。第二句的回答是介绍师父外出的目的——"采药"。第三句的回答是对师傅的大致去向给予明确,是热情的指引。第四句的回答是作了婉转的辞谢,请来访者不要作徒劳的寻觅。《寻隐者不遇》诗文的意思是:在这苍劲的松树之下,我询问隐者的童子,他的师傅到哪里去了。童子回答说师傅已经采药去了。童子还指着高山说,就在这座山中,可是林深云密,我也不知道他到底在哪。

【数学眼光】

一个学生人数达367名的学校,至少有两人的生日相同,这是个典型的存在性定理——抽屉原理。因为一年至多有366天(闰年),生日也只能有366个。一旦学校的学生数目超过366个人,则可以肯定"存在"两人的生日相同,即在同一天过生日。不过,究竟是哪两个人,在哪一天共同过生日,仅凭这些信息是无法知道的。这种只知其"有",并不知道具体是"谁"的结论,称为存在性命题。

> 松下问童子,
> 采药去。
> 只在此山中,
> 云深不知处。

数学上重大的存在性定理有很多。1799 年,大数学家高斯在他的博士论文中证明了代数基本定理:任何复系数一元 n 次多项式($n \geq 1$)在复数域内至少有 1 个根。他只能断定这个根的存在,却不能指出"根"究竟在何处。

常用的存在性定理还有连续函数的介值性定理。高中数学中的零点存在定理:"如果函数 $y=f(x)$ 在闭区间$[a,b]$上连续,且 $f(a)f(b)<0$,则 $f(x)$ 在(a,b)内存在有一个点 c,使 $f(c)=0$。即方程 $f(x)=0$ 在(a,b)内

存在一个根。"许多人士欣赏"云深不知处"的苍茫意境,但是,这首诗所体现的难以名状的确定性,那简直就是为数学而作的。隐者在哪里?"云深不知处"。但是他确实就在此山中——因为纯粹的"存在性"而一定存在着。

【学思悟行】

1. 背诵《寻隐者不遇》,并理解其内容及文学含义。

2. 上网搜索贾岛的生平介绍以及《寻隐者不遇》的写作背景。

3. 小组交流学习《寻隐者不遇》的心得。

4. 仔细体会"只在此山中,云深不知处"的数学意境。

5. 创作一幅《寻隐者不遇》的书法、绘画或摄影作品。

6. 赏数学名题,品诗词意蕴:

已知函数 $f(x)=ax^3-3x^2+1$,若 $f(x)$ 存在唯一的零点 x_0,且 $x_0>0$,则 a 的取值范围是(   )。

A. $(2,+\infty)$ B. $(1,+\infty)$ C. $(-\infty,-2)$ D. $(-\infty,-1)$

分析:直接考虑函数的单调性,再应用函数零点存在性定理这一相关结论,不难得到答案。

解:由 $f(x)=0$ 知,若 $x=0$,则 $0=1$ 矛盾,故 $a=-\left(\dfrac{1}{x}\right)^3+3\left(\dfrac{1}{x}\right)$。设 $t=\dfrac{1}{x}$,$t\neq 0$,则关于 t 的方程 $a=-t^3+3t$ 有唯一解。令 $g(t)=-t^3+3t$,则 $g'(t)=-3t^2+3$。由 $g'(t)=0$ 解得 $t=-1$ 或 $t=1$。通过分析得到 $g(t)$ 的极小值为 $g(-1)=2$,由 $g(t)$ 的函数特征及唯一零点大于 0 可知 $a<-2$。故选 C。

四 若言琴上有琴声,放在匣中何不鸣?
——反证法的意境

> 若言琴上有琴声,
> 放在匣中何不鸣?
> 若言声在指头上,
> 何不于君指上听?
>
> ——[宋]苏轼《琴诗》

【文学视角】

　　这是一首典型的理趣诗和禅理诗。为什么说这是一首理趣诗呢？因为"琴是如何发出声音的？"这首先是一个科学问题,更准确地说,是一个物理问题。琴能演奏出优美的音乐,这不光需要靠琴,还要靠人的指头弹动、敲击钢丝,产生振动发出声波,人的手指和琴同时存在是发出琴音的物质基础,只有两者相辅相成,才能奏出优美的音乐。由于钢丝的粗细不同,所以按不同的键,木槌就会敲击相应的钢,发出不同的声音。那又为什么说这是一首禅理诗呢？因为佛教视有为无,视生为灭,追求无声无形不生不灭,音乐的真实即虚无,所以音乐无所谓真实与否,要以"谐无声之乐,以自得为和",通过内心的感受而自得、反悟禅道。诗文的意思:如果说琴声源自琴,那把它放进盒子里为什么不响呢？如果说琴声发自手,为何从你的手上听不到琴声？

第二章 原理思想的意境

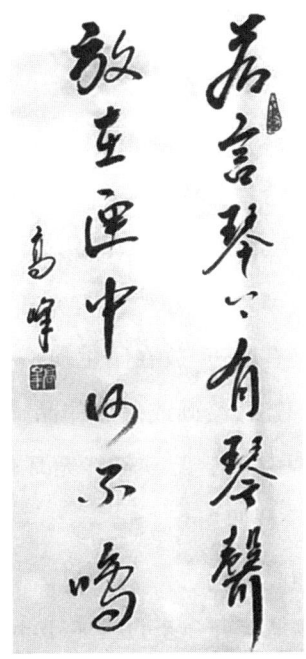

【数学眼光】

演绎推理即逻辑推理,是数学学习中普遍使用的一种方法,其原理就是从一般性的前提出发,通过推导即"演绎",得出具体陈述或个别结论的过程。演绎推理的逻辑形式对人的思维保持严密性、一贯性有着不可替代的校正作用。苏东坡的七言《琴诗》从逻辑上论证了"若言琴上有琴声,放在匣中何不鸣"和"若言声在指头上,何不于君指上听"这两种命题(结论)是不能成立的。第一、二两句包含充分条件的假言推理:如果琴上有琴声,那么放在匣上的琴声就会鸣。但事实上放在匣上的琴是不会鸣的,所以琴上不会有琴声。第三、四两句也包含充分条件的假言推理:如果琴声是在弹琴人手指上,那么人们就会在指头上听到琴声。但事实上,人们在弹琴人的指头上是不会听到琴声的,所以琴声是不会在弹琴人的指头上的。事实上,光有客体的琴具发不出琴声,光有主体的人指也发不出琴声。琴声是来自人对琴的弹拨,是来自主客体的交互感应。由此可见,《琴诗》与数学中的简易逻辑一脉相承。

【学思悟行】

1. 背诵《琴诗》,并理解诗文的内容及其文学含义。

2. 上网搜索苏轼的生平介绍以及《琴诗》的写作背景。

3. 小组交流学习苏轼《琴诗》的心得。

4. 仔细体会"若言琴上有琴声,放在匣中何不鸣"的数学意境。

5. 创作一幅《琴诗》的书法、绘画或摄影作品。

6. 朗诵:"鹤鸣于九皋,声闻于天。若其无耳,何以听之?"思考:这首诗与苏轼《琴诗》的数学意境一样吗?

7. 赏数学名题,品诗词意蕴:

用反证法证明"三角形中必有一个内角不小于60°",应先假设这个三角形中(　　)。

A. 有一个内角小于60°

B. 每一个内角都小于60°

C. 有一个内角大于60°

D. 每一个内角都大于60°

点评:题目中出现的"必有一个",也就是"至少有一个"的意思,所以其反面应该是"一个也没有","必有一个内角不小于60°"的反面也就是"每一个内角都小于60°",所以选B。

五 三生万物
——数学归纳法的意境

道生一,一生二,二生三,三生万物。

万物负阴而抱阳,冲气以为和。

——[春秋]老子《道德经·第四十二章》(节选)

【文学视角】

《道德经》里老子说到"一""二""三""万",乃是指"道"创生万物的过程。在老子看来,宇宙中的万物都是源自"混而为一"的"道",对于这种千姿百态、变化无穷的万物而言,"道"是独一无二的。有了这个"道",便有了"道"本身蕴含的阴阳二气。阴阳二气在相交中形成一种平衡的状态,而万物便在这种状态中生成。原文的意思是:道是独一无二的,道本身包含

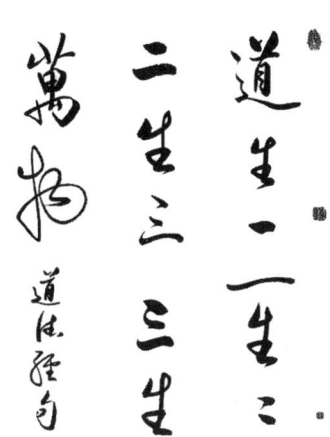

阴阳二气,阴阳二气相交而形成一种适匀的状态,万物在这种状态中生成。万物背阴而向阳,并且在阴阳二气的互相激荡而成新的和谐体。

【数学眼光】

500年前,法国著名数学家、物理学家、思想家帕斯卡提出的数学归纳法,现成为中学数学教学内容。数学归纳法的证明步骤是:(1)证明当 n 取第一个正整数值 n_0 时命题成立。(2)假设当 $n=k$ 时成立,则当 $n=k+1$ 时,该式也成立。由(1)(2)得,原命题对任意大于或等于 n_0 的正整数均成

立。这就是数学归纳法的思想。老子"生"的思想与帕斯卡发明的数学归纳法中的"递推"思想,二者在意境上完全相通。一生二,二生三,相当于数学归纳法中 $n=n_0$ 时命题成立的要求,而"三生万物"的关键是每个与 n 有关的命题都能"生"出与 $n+1$ 有关的命题,这是数学归纳法中"无限递推"的精髓。老子强调一个"生"的动词,保证每个命题 n 都能"生",做到生生不息,这正是老子告诉我们的数学归纳法。由此,我们又进一步体会了中国古典文化的深邃。

【学思悟行】

1. 上网搜索并回答:为什么说"道生一,一生二,二生三,三生万物"中的"一""二""三"分别代表"气""天""地"?

2. 仔细体会"道生一,一生二,二生三,三生万物"的多种数学意境。

3. 以"道生一,一生二,二生三,三生万物"的内容为谜面,制作一条数学谜语。

4. 创作一幅以"道生一,一生二,二生三,三生万物"为内容的书法或摄影作品。

5. 赏数学名题,品诗词意蕴:

设 n 是自然数,求证 $3^{2n+2}+2^{6n+1}$ 能被 11 整除。

证明:(1)当 $n=0$ 时,$3^2+2^1=11$,能被 11 整除,命题成立。

(2)假设 $n=k(k\geqslant 0, k\in N)$ 时,命题成立,即 $11\mid 3^{2k+2}+2^{6k+1}$;

那么当 $n=k+1$ 时 $3^{2(k+1)+2}+2^{6(k+1)+1}=9\times 3^{2k+2}+64\times 2^{6k+1}=9\times(3^{2k+2}+2^{6k+1})+55\times 2^{6k+1}$。

由假设知 $11\mid 9(3^{2k+2}+2^{6k+1})$,又显然有 $11\mid(55\times 2^{6k+1})$,从而知 11 整除它们的和,即 $11\mid(3^{2(k+1)+2}+2^{6(k+1)+1})$,即当 $n=k+1$ 时命题也成立。因此,对任意自然数 n,命题都成立。

第二章 原理思想的意境

六 一字至七字诗·茶
——杨辉三角的意境

茶，

香叶，嫩芽，

慕诗客，爱僧家。

碾雕白玉，罗织红纱。

铫煎黄蕊色，碗转曲尘花。

夜后邀陪明月，晨前命对朝霞。

洗尽古今人不倦，将知醉后岂堪夸。

——[唐]元稹《一字至七字诗·茶》

【文学视角】

中国是诗词的国度，也是茶的国度，两者相遇，便造就了最美的茶诗。唐代诗人元稹的宝塔诗《一字至七字诗·茶》，从一字句到七字句，共55字，如电影画面，一幕幕，渐次展现出一个如此诗意、奢华的茶艺场景，层次分明地描述出这般令人沉醉神往的唯美意境！香叶是多么动人芬芳，嫩芽多么形态楚楚。"碾雕白玉，罗织红纱""铫煎黄蕊色"是多么生动，充满趣味。"夜后邀陪明月，晨前命对朝霞"，这是诗人饮茶之时，神仙般极致逍遥自在的情趣，"洗尽古今人不倦，将至醉后岂堪夸"又是那么的神奇美妙。诗人的这首宝塔诗从茶说到茶人，彰显了人们对茶的喜爱；从茶具说到茶汤，展现了人们的饮茶习俗；从品茶环境又说到茶的提神醒酒功能。全诗构思精巧，妙趣横生，韵味盎然，让品茶人自我陶醉，把这种平凡人的生活诗意化了，不愧是古今流传的绝妙茶诗。此诗从一字至七字，对仗工整，声韵和谐，有"鲲鹏展翅，扶摇直上"之感，代表了元稹心中对生活、对世界至高的信仰。

【数学眼光】

元稹的宝塔诗《一字至七字诗·茶》，其排列结构（几何形式）不难使人联想起杨辉三角的排列性质（每一行的数字对应着二项式展开式中的每一项系数）。杨辉三角的排列性质如图所示：

这和我国古代的宝塔诗极其相似。数学课上，数学教师可能经常会和学生说"数学是美的"，但是往往难以引起学生的共鸣，这时候诗词就可以用来激趣、启思。诗词与数学看似一文一理，实际上它们却有着同一性。诗词被认为是文学艺术上的明珠，是感

```
            1
          1   1
        1   2   1
      1   3   3   1
    1   4   6   4   1
  1   5  10  10   5   1
1   6  15  20  15   6   1
1  7  21  35  35  21  7  1
         ……
```

性、灵动的。但实际上,诗词的美感很大一部分要归功于数学之美。正如美学家李泽厚说:"美感是尚待发现和解答的某种未知的数学方程式。"

【学思悟行】

1. 朗诵《一字至七字诗·茶》,并理解其内容及文学含义。

2. 上网搜索元稹的生平介绍以及该诗的写作背景。

3. 仔细体会《一字至七字诗·茶》的不同数学意境。

4. 上网搜索其他的宝塔诗,并且理解其内容及含义。

5. 赏数学名题,品诗词意蕴:

1261年,我国南宋数学家杨辉用图中的三角形解释二项和的乘方规律,比欧洲的相同发现要早300多年,我们把这个三角形称为"杨辉三角"。请观察图中的数字排列规律,则 a,b,c 的值分别为(　　)。

$$
\begin{array}{c}
1 \\
1 \quad 1 \\
1 \quad 2 \quad 1 \\
1 \quad 3 \quad 3 \quad 1 \\
1 \quad 4 \quad 6 \quad 4 \quad 1 \\
1 \quad 5 \quad 10 \quad 10 \quad 5 \quad 1 \\
1 \quad a \quad b \quad c \quad 15 \quad 6 \quad 1
\end{array}
$$

A. 1,6,15　　B. 6,15,20　　C. 15,20,15　　D. 20,15,6

分析:根据图形中数字规律,即每个数字等于上一行的左、右两个数字之和,可得 a,b,c 的值。

解:根据图形可得,每个数字等于上一行的左、右两个数字之和。∴$a=1+5=6, b=5+10=15, c=10+10=20$。故选B。

七　山近月远觉月小，便道此山大于月
——合情推理的意境

山近月远觉月小，

便道此山大于月。

若有人眼大如天，

当见山高月更阔。

——［明］王守仁《蔽月山房》

【文学视角】

王守仁亦称王阳明,写下《蔽月山房》时才12岁。此诗语浅意深,看似言辞直白,但意味无穷,富有哲理。此诗为古绝。诗第一、二句用人们常见的山与月的大小做比较:人距离山近而距离月远,就会觉得月亮很小,便说这座山比月亮大。诗人以这种生活中常见的事例来说明人的认识受主观和客观因素的影响。第三、四句一转一合,想象奇特,启人思维:若是有人的眼睛像天么大,山与月亮同时、同距离地呈现在人的眼前,便会看到山固然很高,而月亮却比山更大。当时年仅12岁的儿童竟有如此思维,并通过浅白的语言喻理于诗中,着实令人叹服。"作者之用心未必然,而读者之用心未必不然",诗人写的《蔽月山房》,让今人仍然产生丰富的联想。诗文的意思:当山距离得近、月亮距离得远时,就会有人说山比月亮大。但是当有人眼光开阔长远时,就会发现山虽然高大,但是月亮更为壮阔!

第二章 原理思想的意境

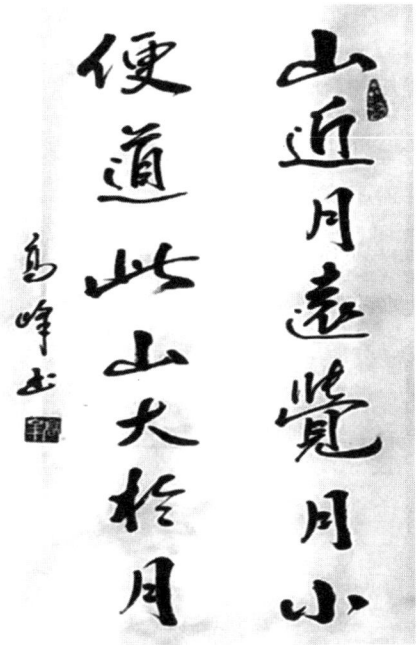

【数学眼光】

在数学思维中,有一种推理叫作合情推理,又称为似真推理。所谓合情推理,是通过已有的数学结论直观推测某些其他结论的一种推理过程,主要通过类比思想和不完全归纳推理两种形式体现。美国数学家和数学教育家G.波利亚说:"严格的数学推理以演绎推理为基础,而数学结论的得出及其证明过程是靠合情推理才得以发现的。"虽然合情推理不能像论证推理那样得到绝对正确的结论,但它对于未知科学的产生有着极其重要的作用,如哥德巴赫猜想、费马大定理都是合情推理的产物,因为它是一种非常具有创造性的推理方式。在王守仁《蔽月山房》这首诗中,"山近月远觉月小,便道此山大于月""若人有眼大如天,当见山高月更阔"不正好契合了G.波利亚的合情推理思想吗?

诗情·画意·数学眼光
换一种视角欣赏诗

【学思悟行】

1. 朗诵诗人王守仁的《蔽月山房》,并理解其内容的文学含义。

2. 上网搜索王守仁的生平介绍及《蔽月山房》的写作背景。

3. 上网搜索并讲述王守仁的故事。

4. 赏数学名题,品诗词意蕴:

我们将如图所示的两种排列形式的点的个数分别称作"三角形数"(如$1,3,6,10\cdots$)和"正方形数"(如$1,4,9,16\cdots$)。在小于200的数中,设最大的"三角形数"为m,最大的"正方形数"为l,则$m+l$的值为(　　)。

A. 33　　　　B. 301　　　　C. 386　　　　D. 571

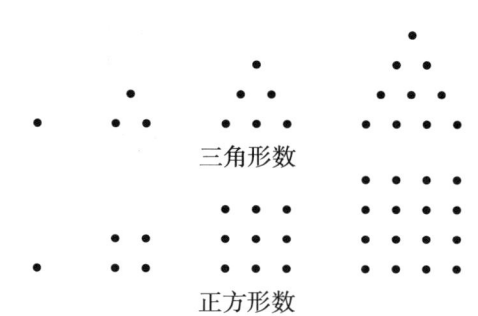

三角形数

正方形数

分析:由图形知第n个三角形数为$1+2+3+\cdots+n=\dfrac{n(n+1)}{2}$,第$n$个正方形数为$n^2$,据此得出最大的三角形数和正方形数即可得。

解:由图形知第n个三角形数为$1+2+3+\cdots+n=\dfrac{n(n+1)}{2}$,第$n$个正方形数为$n^2$。当$n=19$时,$\dfrac{n(n+1)}{2}=190<200$,当$n=20$时,$\dfrac{n(n+1)}{2}=210>200$,所以最大的三角形数$m=190$;当$n=14$时,$n^2=196<200$,当$n=15$时,$n^2=225>200$,所以最大的正方形数$l=196$。因此$m+l=386$。故选C。

八 白日登山望烽火
——二进制原理的意境

> 白日登山望烽火,黄昏饮马傍交河。
> 行人刁斗风沙暗,公主琵琶幽怨多。
> 野云万里无城郭,雨雪纷纷连大漠。
> 胡雁哀鸣夜夜飞,胡儿眼泪双双落。
> 闻道玉门犹被遮,应将性命逐轻车。
> 年年战骨埋荒外,空见蒲桃入汉家。
>
> ——[唐]李颀《古从军行》

【文学视角】

诗人李颀的《古从军行》这首诗借汉皇开边,讽玄宗用兵。诗的第一、二句,写紧张的从军生活。三、四句接着描绘夜晚的情况。五、六句接着又着意渲染边陲的环境。以上六句,写尽了从军生活的艰苦。接下来的七、八句写出远戍边疆的"行人"艰辛。九、十句写"行人"思归之念被打断了,只有跟着"轻车将军"去与敌军拼命。最后两句,写"行人""战骨埋荒外"换来的仅仅是区区的葡萄而已。全篇句句紧扣,句句蓄意,直到最后一句,才画龙点睛,显出此诗巨大的讽喻力。全诗记叙将士从军之苦,充满非战思想。万千将士之死,仅换得葡萄归

种中原,这种穷兵黩武开边之策真是要不得。诗文的意思:白天将士们登山报警的烽火台,黄昏时将士们牵马到交河边给马饮水。周围弥漫着风沙,黑乎乎一片,将士们只听得见兵卒巡夜的打更声,还有那幽怨的琵琶声。远处的旷野上,云雾茫茫,万里不见城郭,纷纷雨雪笼罩着无边的沙漠。到了夜里,只听见胡雁哀鸣,胡人将士潸然泪下。士兵们听说玉门关已被挡住了归路,无奈只有追随将军去与敌人拼杀。每年将士战死后,尸骨埋葬于人迹罕至的荒野,换来的仅仅是葡萄而已。

【数学眼光】

唐朝诗人李颀的诗《古从军行》开头一句"白日登山望烽火"蕴含着一个有趣的数学问题——二进制原理。古人没有现代的通信设备,镇守边疆的将士在遇到敌情时,则在烽火台上点燃柴薪,向后方发出警报,后方望见了前方燃起烟火,就知道有敌人入侵,这种燃起的烟火称为烽火。但是入侵的敌人大致有多少呢?这显然是一个更重要的问题。如果只建一座烽火台,只可以报告有无敌人入侵的问题;如果多建几座烽火台,就可以同时报告来犯敌人的多少问题。那么,如何使得烽火台的个数与来犯敌人的多少相对应呢?如果当时古人懂得二进制原理,便可以解决这个问题了。例如,建立依次编号为 A,B,C,D,E,F 的六座烽火台,分别代表二进制数的六个数位,即:F 表示个位数 1,E 表示 $2^1=2$,D 表示 $2^2=4$,C 表示 $2^3=8$,B 表示 $2^4=16$,A 表示 $2^5=32$。当燃起烟火时,没有烟火的台看作是 0,有烟火的台看作是 1,那么任何一个不大于 63 的数都可以通过点燃某些烽火台表示出来。比如我们只点燃了 B,D,F 三座烽火台,便可以知道有 $(010101)_2=16+4+1=21$(人)的敌军入侵。

【学思悟行】

1. 背诵李颀《古从军行》,并理解其文学含义。

第二章 原理思想的意境

2. 上网搜索李颀的生平介绍以及《古从军行》的写作背景。

3. 仔细体会"白日登山望烽火"的数学意境。

4. 创作一幅《古从军行》书法作品。

5. 赏数学名题,品诗词意蕴:

日常生活中我们使用的数是十进制数,而计算机使用的数是二进制数,即数的进位方法是"逢二进一"。二进制数只使用数字 0 和 1,如二进制数 1101 记为 $(1101)_2$。$(1101)_2$ 通过式子 $1\times 2^3+1\times 2^2+0\times 2^1+1\times 2^0$ 可以转换为十进制数 13,仿照上面的转换方法,将二进制数 $(11101)_2$ 转换为十进制数是_____。

解析:根据二进制数的定义可知,$(11101)_2 = 1\times 2^4 + 1\times 2^3 + 1\times 2^2 + 0\times 2^1 + 1\times 2^0 = 29$,故答案为 29。

点评:解答此题的关键是归纳总结出二进制转换为十进制的规律。同学们,通过此题提供的信息,你能够把十进制的数转换成二进制的数吗?

九　会当凌绝顶，一览众山小和
不识庐山真面目，只缘身在此山中
——逆否命题的意境

横看成岭侧成峰，远近高低各不同。

不识庐山真面目，只缘身在此山中。

——［宋］苏轼《题西林壁》

岱宗夫如何？齐鲁青未了。

造化钟神秀，阴阳割昏晓。

荡胸生曾云，决眦入归鸟。

会当凌绝顶，一览众山小。

——［唐］杜甫《望岳》

【文学视角】

苏轼的《题西林壁》是一首庐山游记诗，又是一首哲理诗。诗人描写庐山变化多姿的面貌，并借景说理，指出观察问题应客观全面，如果主观片面，就得不出正确的结论。开头两句实写游山所见。后两句是即景说理，谈游山的体会。诗人借助庐山的形象，用通俗的语言深入浅出地表达哲理，亲切而自然。这首诗的意思是：横看庐山，是雄奇蜿蜒的大岭；侧看庐山，则是陡峭壮阔的高峰。随着视线的转移，从高处、低处、远处、近处各不同角度去看，景

象大为不同。令人迷惑从而不能认识庐山的真正面目,只因为自己身处庐山之中。

杜甫的《望岳》是其青年时期的作品。诗人描写了泰山的雄伟与磅礴,抒发了诗人勇于攀登、傲视一切的雄心壮志,充满了浪漫与激情,洋溢着蓬勃向上的朝气。这首诗的意思:泰山是如此雄伟,青翠的山色让人望不到边际。大自然在这里凝聚了一切钟灵神秀,南山北山如同被分割为黄昏与白昼。看见那层层的云气升腾,真是让人胸怀荡涤;极目追踪那暮归的鸟儿回旋入山林。我一定要登上泰山那顶峰,俯瞰那些显得渺小的群山。

【数学眼光】

"不识庐山真面目,只缘身在此山中。""会当凌绝顶,一览众山小。"其中的"不识庐山真面目,只缘身在此山中",意思是看不到庐山的全貌是因为在庐山的山中。这个命题的逆否命题:到庐山的上面看、空中看,就能看到庐山的全部景观。于是"不识庐山真面目,只缘身在此山中"的逆否命题是"会当凌绝顶,一览众山小"。这是杜甫用整体视角观察泰山时臆想的境界。

【学思悟行】

1. 背诵苏轼的《题西林壁》与杜甫的《望岳》,并理解其文学含义。
2. 上网搜苏轼《题西林壁》与杜甫《望岳》的写作背景。

诗情·画意·数学眼光
换一种视角欣赏诗

3. 仔细体会"不识庐山真面目,只缘身在此山中""会当凌绝顶,一览众山小"的数学意境。

4. 猜谜:不识庐山真面目,只缘身在此山中;会当凌绝顶,一览众山小。(打一数学名词)

5. 赏数学名题,品诗词意蕴:

主人邀请张三、李四、王五三个人吃饭,时间到了,只有张三、李四准时赴约,王五打电话说:"临时有急事,不能去了。"主人听了,随口说了句:"该来的没有来。"张三听了脸色一沉,起来一声不吭地走了。主人愣了片刻,又道了句:"不该走的又走了。"李四听了大怒,拂袖而去。请你用逻辑学原理解释二人离去的原因。

解:张三走的原因:"该来的没有来"的逆否命题是"来了不该来的",张三觉得自己是不该来的。李四走的原因:"不该走的又走了"的逆否命题是"没走的应该走",李四觉得自己是应该走的。

第四节

诵诗文,悟意蕴,用"数学眼光"欣赏诗之数学思想的意境

一 无为而无不为
——数学思想的意境

> 为学日益，
> 为道日损，
> 损之又损，
> 以至于无为。
> 无为而无不为。
> 取天下常以无事，
> 及其有事，
> 不足以取天下。

——[春秋]老子《道德经·第四十八章》

【文学视角】

老子的"为学"仅指对礼义、礼法、圣智的追求，这些学问是能增加人的知见和智巧的；"为道"是领悟事物未分化状态下的"道"，也就是自然之道，无为之道。老子的"为学""为道"之理，是唯恐人们溺于人欲之私而损德败道。在此前提下，细悟"为学日益"，其"所学"者，未尝不是损之理；其"所益"者，未尝不是损之道。"损"者，就是损其私、邪、恶，以至损去一切非道性的东西。"益"者，就是益其德、正、善，"益"一切有益于生命的精华。"损之又损"，就是损到无善无恶，无是无非，德与道合，直指无为。人既要无为，也要顺"道"而"自为"，由此"无不为"。无论做人、修身，还是齐家、治国、平天下，损之道是必遵之自然法则。本文句的意思:努力求学修行的人,其欲念一天比一天增加;求道的人,其欲念一天比一天减少。减少又减少,到最后以至于"无为"的境地。如果能够做到无为,即不妄为,任何事情都可以有所作为。治理国家的人,要经常以不骚扰人民为治国之本,如果经常以繁苛之政扰害民众,就不足以治理天下了。

【数学眼光】

老子的"为学"和"为道"蕴含着数学解题中的"数学技能与技巧"和"数学思想与方法"的意境。数学解题技巧往往给人的感觉是眼花缭乱、变幻莫测、故作高深,而数学思想方法这个"道"却给人的感觉是平淡、平实、朴素、简约。但是"道"却对"技"有绝对的指挥和统摄作用,或者说那双"看不见的手"无时无刻不在支配着这双"看得见的手",就好像《西游记》中再凶煞的妖魔鬼怪(技),它的身后都会有一个慈眉善目、安静平和的老神仙(道)在掌控着,只要找到这个平和的老神仙,降伏这个妖怪就不用费一兵一卒。只看见解题的技巧,而忽略掉数学思想方法这个"道","只见树木不见森林"只会导致数学的教与学沦落为低效的或者负效的教与学。这就要求数学教师不仅要传授基础的数学知识、技能与技巧,而且要传授数学思想方法,培养学生的数学思维能力。

诗情·画意·数学眼光
换一种视角欣赏诗

【学思悟行】

1. 朗诵老子的《道德经·第四十八章》,并理解其文学含义。

2. 赏数学名题,品诗词意蕴:

题① 解关于 x 的方程:$2ax-5=-x$。

解:移项整理得 $(2a+1)x=5$。

当 $2a+1\neq 0$,即 $a\neq -\dfrac{1}{2}$ 时,方程的解为 $x=\dfrac{5}{2a+1}$;

当 $2a+1=0$,即 $a=-\dfrac{1}{2}$ 时,方程无解。

题② 已知 $x-3y=-3$,则 $5-x+3y$ 的值是(　　)。

A. 0　　　　　B. 2　　　　　C. 5　　　　　D. 8

解:$5-x+3y=5-(x-3y)=5-(-3)=5+3=8$。选 D。

题③ 已知 $\angle A$ 为锐角,$\cos A=\dfrac{5}{13}$,求 $\tan A$ 的值。

解:在 $\angle C$ 为直角的 $\triangle ABC$ 中,由 $\cos A=\dfrac{AB}{AC}$,可设 $AB=5a$,$AC=13a$,由勾股定理得 $BC=\sqrt{AC^2-AB^2}=12a$,$\therefore \tan A=\dfrac{BC}{AB}=\dfrac{12a}{5a}=\dfrac{12}{5}$。

题④ 某服装店老板到厂家选购 A,B 两种型号的服装,若购进 A 型号 9 件、B 型号 10 件,则要 1 810 元;若购进 A 型号 12 件、B 型号 8 件,则要 1 880 元。

(1)求 A,B 两种型号服装每件多少元。

(2)若售出一件 A 型号服装可获利 18 元,售出一件 B 型号服装可获利 30 元,某次老板决定 A 型号服装的进货数量是 B 型号服装进货数量的 2 倍还多 4 件,且 A 型号服装最多可购进 28 件。若想在这次售完后利润不少于 699 元,则有几种进货方案?如何进货?

第二章　原理思想的意境

解：(1)设 A 型号服装每件 x 元，B 型号服装每件 y 元，则有 $\begin{cases} 9x+10y=1\,810, \\ 12x+8y=1\,880, \end{cases}$

解得 $\begin{cases} x=90, \\ y=100。 \end{cases}$

(2)设老板这次购进 A 型号服装 a 件，B 型号服装 b 件，则有

$$\begin{cases} 18a+30b \geqslant 699,\quad(1) \\ b=\dfrac{a-4}{2}, \qquad\quad(2) \\ a \leqslant 28。 \qquad\qquad(3) \end{cases}$$

将(2)式代入(1)式且两边同时除以 33 得到 $a \geqslant 23$，又由(3)式知 $a \leqslant 28$，因为 a,b 是衣服数量，应为整数，所以 a 的取值可以是 23,24,25,26,27,28。但要使 b 为整数，a 只能取 24,26,28。

所以有三种进货方案可使利润不少于 699 元。

方案 1：购进 A 型号服装 24 件，B 型号服装 10 件。

方案 2：购进 A 型号服装 26 件，B 型号服装 11 件。

方案 3：购进 A 型号服装 28 件，B 型号服装 12 件。

赏析：第一题，分类讨论明思路；第二题，整体代入巧运算；第三题，数形结合走捷径；第四题，方程思想成法宝。数学思想是个"道"，无为而无不为。

二 白发三千丈,缘愁似个长
——整体思想的意境

> 白发三千丈,
>
> 缘愁似个长。
>
> 不知明镜里,
>
> 何处得秋霜。
>
> ——[唐]李白《秋浦歌》

【文学视角】

诗人写这首诗采用夸张的手法,抒发了其怀才不遇的苦衷。首句"白发三千丈",似乎让读者感到太夸张到有点不近情理,但在看到下句"缘愁似个长"才恍然大悟,因为愁思像这样长。诗中有形的白发被无形的愁绪所替换,于是这三千丈的白发很自然地被理解为艺术的夸张。三、四句通过自问,进一步凸显了对"愁"的刻画,抒写了诗人满腹忧愁、难以自解的苦衷。诗词的意思:我头上的白发长到三千丈,是因为愁才长得这样长。我照着明亮的镜子,发现我的头发白得像秋霜。我想不到我的头发怎么会这样!

第二章 原理思想的意境

【数学眼光】

　　数学中所说的整体思想,强调从整体性质看数学问题,突出对数学问题的整体结构的分析和改造的重要性,抓住问题的整体结构特征,牢记数形结合,把某些式子或图形看成一个整体,把握它们之间的脉络联系,带着目的进行有意识的整体处理。整体思想能够抓住数学问题的本质,促进直接思维和逻辑思维的和谐统一。这首诗首句"白发三千丈"作了奇妙的夸张,似乎不近情理,当师生吟诵到下句"缘愁似个长"就会茅塞顿开,因为愁思像这样长。李白采用"整体代换"思想,用有形的白发替换无形的愁绪。后两句通过疑问的方式,进一步加强对"愁"字的描述,抒写了诗人愁上心头,愁绪难解的身心状态。在数学课上,师生一边用整体思想解题,一边吟咏李白的《秋浦歌》时,诗中的整体数学思想意境便会油然而生。

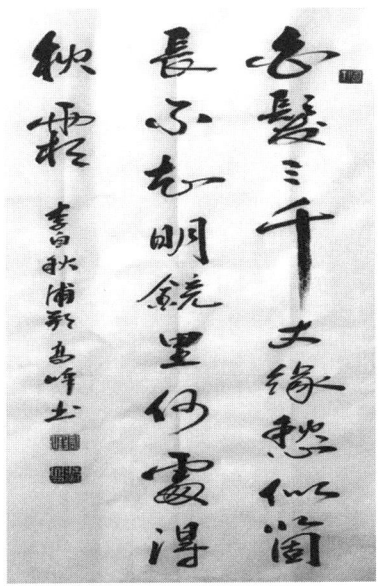

【学思悟行】

1. 朗诵李白的《秋浦歌》。

诗情·画意·数学眼光
换一种视角欣赏诗

2. 了解李白《秋浦歌》的写作背景,深刻理解其文学含义。

3. 小组进一步交流学习李白《秋浦歌》的心得。

4. 赏数学名题,品诗词意蕴:

已知关于 x,y 的方程组 $\begin{cases} 2x+y=3k-1, \\ x+2y=-2, \end{cases}$ 且 $x+y>1$,试确定 k 的取值范围。

分析:常规的思路是先解方程组,用 k 表示 x,y,然后再代入不等式求解,这样做比较麻烦。如果我们着眼于" $x+y$ "这个整体,只要将方程组中两个方程"整体相加"便可用 k 表示出 $x+y$,进而达到目的。

解:将方程组中两式相加,得 $3x+3y=3k-3$,即 $x+y=k-1$,又 $x+y>1$,所以 $k-1>1$,解之得 $k>2$,所以 k 的取值范围为 $k>2$。

第二章 原理思想的意境

三 落霞与孤鹜齐飞,秋水共长天一色
——数形结合思想的意境

> 披绣闼,俯雕甍。
>
> 山原旷其盈视,川泽纡其骇瞩。
>
> 闾阎扑地,钟鸣鼎食之家;
>
> 舸舰弥津,青雀黄龙之舳。
>
> 云销雨霁,彩彻区明。
>
> 落霞与孤鹜齐飞,秋水共长天一色。
>
> 渔舟唱晚,响穷彭蠡之滨;
>
> 雁阵惊寒,声断衡阳之浦。
>
> ——[唐]王勃《滕王阁序》(节选)

【文学视角】

本文原题为《秋日登洪府滕王阁饯别序》,全文聚思、立意乃至结构系统的确立,都紧扣这个题目。全文层次分明,脉络清楚;由地及人,由人及景,由景及情,可以说是环环相扣,层层扣题。原文共分为四段,本文节选自其中的第三段。本文意思:打开镂花精致的阁门,俯视色彩艳丽的屋脊。山峰平原一览无余,湖川曲折令人惊奇。到处都是里巷宅舍,许多锦衣玉食的富贵人家。大船塞满了渡口,全部是雕满了青雀和黄龙花纹的巨舰。适值雨后初霁,虹消云散,阳光朗煦。落霞与孤雁一起飞翔,秋水和长天连成一片。在夕阳西下的傍晚,渔舟中歌声四起,响彻彭蠡湖滨;雁群感到丝丝寒冷而发出阵阵惊叫,鸣声一直传到衡阳的水滨。

诗情·画意·数学眼光
换一种视角欣赏诗

【**数学眼光**】

数形结合思想是中学数学中最常见也是非常实用的数学思想方法之一。所谓数形结合,就是在解决数学问题的过程中,根据问题条件和结论之间的内在联系,既分析其几何意义,又揭示其代数含义,使数量关系和几何形式巧妙地结合起来,从而使问题得以解决。数形结合思想的应用大致又可分为两种情况:一种是通过"以形助数",借助"形"的直观性说明"数"的关系;另一种就是"以数解形",

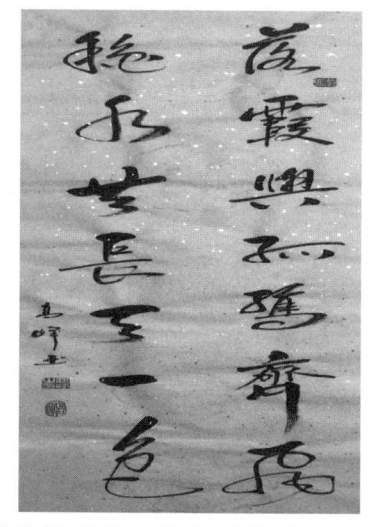

借助"数"的精确性来阐明"形"的关系。无论哪种情况其目的都是使抽象问题具体化,复杂问题简单化,从"形"和"数"两方面思考问题,有助于拓宽解决问题的思路,有利于数学问题的解决。

比如,求函数 $y=\sqrt{1+x^2}+\sqrt{4+(4-x)^2}$ 的最小值。此题若用代数方法来解很麻烦,通过对函数形式观察,发现:$\sqrt{1+x^2}$ 可以看成是以 $x,1$ 为直角边的三角形的斜边,$\sqrt{4+(4-x)^2}$ 可以看成是以 $(4-x),2$ 为直角边的斜边,此题可归纳为求两个直角三角形斜边的和的最小值,于是可构造图形来解决。此解法由数思形,由形思数,不失时机地抓住两者的相互结合和转化,冲破数和形之间的固有差异,更多地强调二者的和谐统一。运用数形结合思想,可以迅速解决数学问题。这不正契合了王勃《滕王阁序》中的名句"落霞与孤鹜齐飞,秋水共长天一色"吗?

【学思悟行】

1. 了解王勃《滕王阁序》的写作背景,深刻理解其文学含义。

2. 朗诵王勃的《滕王阁序》的内容。

3. 小组进一步交流学习王勃的《滕王阁序》的心得。

4. 赏数学名题,品诗词意蕴:

题① 直线 $y=kx+b$ 经过 $A(-2,-1)$ 和 $B(-3,0)$ 两点,求不等式 $\frac{1}{2}x<kx+b<0$ 的解集。

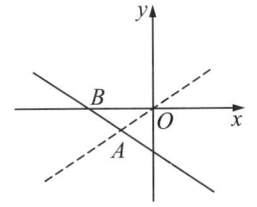

分析:从数的角度解决问题,可以根据待定系数法将 A,B 两点的坐标代入 $y=kx+b$,求出直线 $y=kx+b$ 的函数解析式,然后根据解不等式组的法则进一步求解;从形的角度解决问题,易知直线 $y=\frac{1}{2}x$ 恰好是直线 OA。结果显而易见,以形助数,直观明了。

解:从数的角度思考,由 $A(-2,-1)$ 和 $B(-3,0)$ 可求出直线 $y=-x-3$。原不等式变为 $\frac{1}{2}x<-x-3<0$,解得 $-3<x<-2$。从形的角度思考,则解集恰好是 $y=kx+b$ 位于 $y=\frac{1}{2}x$ 上方时的 x 的取值,答案同上。

题② 正方形 $DEFG$ 内接于 $\triangle ABC$,已知 $\triangle ADG$、$\triangle BDE$、$\triangle CGF$ 的面积为 $S_1=1,S_2=3,S_3=1$。求正方形 $DEFG$ 的边长。

诗情·画意·数学眼光
换一种视角欣赏诗

分析： 该题可利用面积法解决。设正方形边长为 x，根据已知的三角形面积列出方程，通过解方程便可求出正方形的边长。

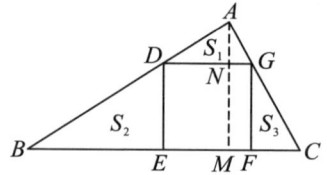

解： 设正方形边长为 x，利用公式可以求得 $AN=\dfrac{2}{x}$，$BE=\dfrac{6}{x}$，$CF=\dfrac{2}{x}$，再根据 $S_{\triangle ABC}=S_1+S_2+S_3+S_{DEFG}=\dfrac{1}{2}(BE+EF+FC)(AN+MN)$，把 x 代入，化归为求方程 $\dfrac{1}{2}\left(\dfrac{6}{x}+x+\dfrac{2}{x}\right)\left(\dfrac{2}{x}+x\right)=5+x^2$，解得 $x=2$（$x=-2$ 舍去）。可见，用数解形，助思维拓展。

四　汉皇重色思倾国
——转化思想的意境

> 汉皇重色思倾国，
>
> 御宇多年求不得。
>
> 杨家有女初长成，
>
> 养在深闺人未识。
>
> ——［唐］白居易《长恨歌》（节选）

【文学视角】

作者白居易在《长恨歌》这首长篇叙事诗里，以精辟、简练的语言，精致、美妙的形象，叙事、抒情相结合的手法，叙述了唐玄宗和杨贵妃在"安史之乱"时期的爱情悲剧：他俩的爱情被自己引起的叛乱所断送，正在无尽无休地接受着精神惩罚。唐玄宗和杨贵妃都是历史人物，但诗人并没有拘泥于历史，而是借助于一点历史事实，依据当时的民间传说和街坊歌唱，从中演变出一个迂回曲折、委婉动人的故事，用循环往复、悱恻缠绵的艺术形式描绘、歌颂出来。因为诗中的人物和故事都是艺术化的，并且是历史事实中人的真实再现，所以才能激起历代读者心中的阵阵涟漪。作为唐朝人的白居易，在本朝写当朝皇帝的事件是应该避讳的，因此就以"汉皇"来代替。这种方式在诗词中是很常见的。从"汉唐"一词也可以说明汉和唐是相通的。诗文的意思：唐明皇偏爱女色，当了皇帝后一直在寻找美女，多年来却是一无所得。杨家有个女儿刚刚长大,娇艳绝伦,养在深闺中,外人不知她美艳至极。

【数学眼光】

作为解决数学问题的一种基本思想——转化思想,是最常用的数学思想之一。转化思想的运用十分广泛:(1)化未知为已知,将未知问题转化为已知问题;(2)化复杂为简单,将复杂的问题转化为简单的问题;(3)化抽象为具体,将抽象的问题转化为具体的问题。另外,将实际问题转化为数学问题,甚至在不同的数学问题之间互相转化等等都用到了转化思想。可以说转化思想在解决数学问题时几乎是无处不在的。

吟咏白居易《长恨歌》里的前四句:"汉皇重色思倾国,御宇多年求不得。杨家有女初长成,养在深闺人未识。"其运用转化思想可谓足矣:明明是唐朝玄宗皇帝和杨贵妃的故事,却转化到汉武帝的身上,真是用心良苦。我们在学习白居易的《长恨歌》时应该能够体会到其中蕴含着数学的转化思想。

【学思悟行】

1. 朗诵白居易的《长恨歌》。

2. 了解白居易《长恨歌》的写作背景,深刻理解其文学含义。

3. 小组进一步交流学习白居易的《长恨歌》的心得。

第二章 原理思想的意境

4.赏数学名题,品诗词意蕴:

题① 若实数 $m,n(m^2+n^2)^2-2(m^2+n^2)-3=0$,则代数式 m^2+n^2 的值为( )。

A. -1 或 3　　　　B. 1 或 -3　　　　C. -1　　　　D. 3

分析:将 m^2+n^2 看成一个整体,通过换元可以将原方程转化为一元二次方程求解。

解:设 $m^2+n^2=x$,则原方程变形为 $x^2-2x-3=0$,解得 $x_1=3$,$x_2=-1$。因为 $m^2+n^2\geqslant 0$,即 $x\geqslant 0$,所以 $x=3$。故 $m^2+n^2=3$,答案为 D。

题② 如图,一次函数 $y_1=kx+b$ 的图像与反比例函数 $y=\dfrac{m}{x}$ 的图像相交于 $A(-2,3)$、$B(1,-6)$ 两点,则不等式 $kx+b>\dfrac{m}{x}$ 的解集为( )。

A. $x>-2$　　　　　　　　B. $-2<x<0$ 或 $x>1$

C. $x>1$　　　　　　　　D. $x<-2$ 或 $0<x<1$

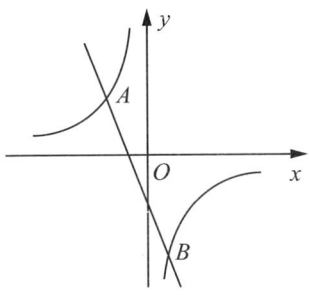

分析:已知点 A、B,可以用待定系数法求出两个函数的解析式,这样就可以得到一个明确的不等式,但求解过程比较复杂。仔细观察后不难发现:解不等式实际上是比较两个函数的大小,借助图像可以简单直观地得到答案。

诗情·画意·数学眼光
换一种视角欣赏诗

解:因为两个函数相交于两点 A、B,所以当 $x=-2$ 和 $x=1$ 时,两个函数值相等。因为反比例函数的自变量 $x \neq 0$,所以比较两个函数的大小关系可以将自变量 x 的定义域分成 4 个部分,分别是: $x<-2$、$-2<x<0$、$0<x<1$ 和 $x>1$。观察函数图像,不难发现当 $x<-2$ 或 $0<x<1$ 时,一次函数图像在反比例函数图像的上方,即 $kx+b>\dfrac{m}{x}$,所以本题的答案为 D。

题③ 若关于 x 的方程 $(a-1)x^2+3x-2=0$ 有实数根,求 a 的取值范围。

分析:因为二次项系数 $(a-1)$ 不确定,所以方程的类型不确定。先对 $(a-1)$ 进行讨论,确定是何种方程,再分别求解。

解:当 $a-1=0$,即 $a=1$ 时,方程为一元一次方程,此时方程有实数根为 $x=\dfrac{2}{3}$;当 $a-1 \neq 0$,即 $a \neq 1$ 时,方程为一元二次方程,若方程有实数根,则必须满足 $\Delta \geqslant 0$,即 $9+8(a-1) \geqslant 0$,即 $a \geqslant -\dfrac{1}{8}$,∴ $a \geqslant -\dfrac{1}{8}$ 且 $a \neq 1$。综上所述,a 的取值范围是 $a \geqslant -\dfrac{1}{8}$。

题④ 若实数 $a \neq b$,且 a、b 分别满足 $a^2-8a+5=0$, $b^2-8b+5=0$,求代数式 a^2b+ab^2 的值。

分析:我们观察两个等式中系数的特点,发现可以构造出一元二次方程,再借助根与系数的关系求出代数式的值。

解:因为 a、b 分别满足 $a^2-8a+5=0$, $b^2-8b+5=0$,并且 $a \neq b$,所以 a、b 可以看成方程 $x^2-8x+5=0$ 的两个不相等的实数根,所以 $a+b=8$, $ab=5$,所以 $a^2b+ab^2=ab(a+b)=5 \times 8=40$。

第二章 原理思想的意境

五 行路难,行路难,多歧路,今安在?
——分类讨论思想的意境

> 金樽清酒斗十千,玉盘珍羞直万钱。
> 停杯投箸不能食,拔剑四顾心茫然。
> 欲渡黄河冰塞川,将登太行雪满山。
> 闲来垂钓碧溪上,忽复乘舟梦日边。
> 行路难,行路难,多歧路,今安在?
> 长风破浪会有时,直挂云帆济沧海。
>
> ——[唐]李白《行路难》

【文学视角】

诗人李白写了三首《行路难》,这是中的第一首。诗的前四句写朋友出于对这样一位天才被弃置的惋惜,不惜钱财,设下盛宴为他钱行,体现了朋友和李白间的深厚友情。而李白面对玉盘珍馐、金樽美酒一片茫然,只能"停杯投箸""拔剑四顾"。"欲渡黄河冰塞川,将登太行雪满天",代表了人生路上的艰难险阻。学富才高、见多识广的李白,曾在宫廷中得到唐玄宗的欣赏,后却由于小人的进谗而"赐金放还",从此穷山恶水,天南海北,未来的生活中,闲来垂钓。宛如历史上这样两个典故:伊尹在受商汤任用前曾梦见自己乘舟绕日月而过;姜尚(姜太公)昔日垂钓而受周文王之聘,最终助其打下江山。诗人想起这两位历史人物的经历,又有了对未来新的信心。"行路难,行路难,多歧路,今安在?"前路艰险,虽然未来可能还有机会,但是万般的艰难险阻、坎坷都闪现在诗人的脑海中。最后,诗人以积极入世的毅力和

诗情·画意·数学眼光
换一种视角欣赏诗

决心,吟出了这样的千古名句:"长风破浪会有时,直挂云帆济沧海。"这首诗共八十二字,在七言歌行中属短篇。但诗中跳跃式的思维、跌宕起伏的感情,以及荡气回肠的气势,使它成为后人歌颂的千古名篇。诗文的意思是:金杯里盛着每斗十千的美酒,玉盘中装着昂贵的佳肴,但是我放下杯子扔掉筷子不想进餐,拔出宝剑环顾四周,心里却是一片茫然。想要渡过黄河,冰雪却堵塞了河川;想要登上太行,但茫茫风雪早已封山。当年姜尚闲居等待明主,曾在碧溪垂钓;伊尹受聘于商汤前,梦里乘舟从太阳边路过。行路难啊,行路难!岔路纷杂,我的路在何处?相信总会有一天,我能乘这长风破开万里浪,高高的挂起云帆,在沧海中勇往直前!

【数学眼光】

数学解题中,常常会遇到涉及"分类讨论"的问题,要仔细分析。因为这类题不仅考查学生的数学基本知识与方法,而且考查了学生思维品质的深刻性。然而从近几年的中、高考阅卷中发现,学生在解此类问题时考虑不周全导致失分较多,究其原因主要是在平时的学习中,尤其是在中、高考复习时,对分类讨论的学习和应用研究不足。分类讨论在初中、高中数学的知识点中都有涉及,其关键是要弄清楚引起分类的原因,明确分类讨论的对象和标准,应该 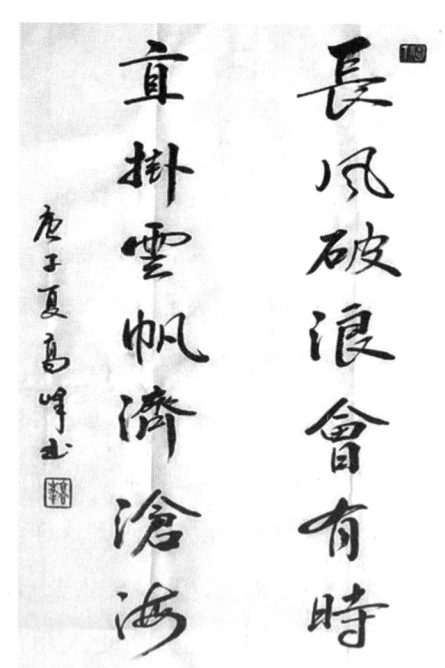 按可能出现的情况做到既不重复,又不遗漏,分门别类地加以讨论求解,再将不同的结论综合归纳,得出正确答案。你在吟诵诗仙李白《行路难》里的

"行路难,行路难,多歧路,今安在?长风破浪会有时,直挂云帆济沧海"时,是不是能够体会到其蕴含的"分类讨论"的数学思想?

【学思悟行】

1. 上网搜索李白《行路难》的写作背景,理解其文学含义。

2. 朗诵李白的《宣州谢朓楼饯别校书叔云》,并与《行路难》比较,体会其数学意境。

3. 赏数学名题,品诗词意蕴:

题① 当 $m=$ _____ 时,函数 $y=(m+5)x^{2m-1}+7x-3(x\neq 0)$ 是一次函数。

分析:在讨论 $(m+5)x^{2m-1}$ 的情况时,需要分为两种情况,第一种是结果为一次项,第二种是结果为常数,而通过不同的 m 值也就能够得到不同的结果,最终进行整理就能够得出正确的答案。

解:当 $(m+5)x^{2m-1}$ 是一次项时,$2m-1=1$,$m=1$,整理为 $y=13x-3$;当 $(m+5)x^{2m-1}$ 是常数项时,$2m-1=0$,$m=\dfrac{1}{2}$,整理为 $y=7x+\dfrac{5}{2}$;当 $m+5=0$ 时,$m=-5$,整理为 $y=7x-3$。

题② 一个等腰三角形的一个外角等于 $110°$,则这个三角形的三个内角是_____。

分析:求等腰三角形的内角时,要分两种情况讨论,题目的条件可能与等腰三角形的底角或顶角有关。求出角度后要检验三角形的内角和为 $180°$,否则答案不成立。

解:当这个外角是等腰三角形顶角的外角时,三角形的三个内角应该为 $55°$、$55°$、$70°$。当这个外角是等腰三角形底角的外角时,三角形的三个内角应该为 $40°$、$70°$、$70°$。

诗情·画意·数学眼光
换一种视角欣赏诗

题③ 若两圆相切,圆心距是 7,其中一圆的半径为 4,则另一圆的半径为_____。

分析: 两圆相切,包括内切和外切两种情况。

解: 若两圆相切,圆心距是 7,其中一圆的半径为 4,则另一圆的半径为 3 或 11。

六　一叶落知天下秋
——从特殊到一般的意境

山僧不解数甲子，

一叶落知天下秋。

——[宋]唐庚《唐子西文录》

【文学视角】

此为《唐子西文录》收录的唐人诗。诗文的意思：山里的僧人并不计算年月，但从一片落下的叶子便知道，此时已入秋了。这两句原本题中心在上句，即山里的僧人完全脱离社会，因此对社会文化的基础——历法，也全然不顾了，但是下句却透出了禅意：虽无历法，大自然仍在运行变化，而山僧亦能感知四时之变。此诗表达了一种远离世俗、回归本真的人生态度。

诗情·画意·数学眼光
换一种视角欣赏诗

【数学眼光】

"山僧不解数甲子,一叶落知天下秋。"通俗地讲,就是从一片树叶的凋落,知晓秋天的到来,其中蕴藏着通过细微的个别的迹象,看到整个事件的发展趋向与结果的哲理。在数学中,有一类找规律与猜想题,就是要求学生从所提供的数字或图形信息中,寻找其共同之处,这个存在于个例中的共性,就是规律。学生从不同角度,利用不同方法探索并发现数学规律,同时利用发现的规律,教师让学生学会自我验证,真正提升数学思考能力。其中蕴含着"特殊—一般—特殊"的常用模式,体现了由特殊到一般的数学思想,这也正是人类认识新生事物的一般过程。此处学生吟咏:"山僧不解数甲子,一叶落知天下秋"之后,对诗词中数学意境的理解更加深刻了。

【学思悟行】

1. 唐代令狐楚《游春词》:"高楼晓见一花开,便觉春光四面来。暖日晴云知次第,东风不用更相催。"一叶落而知秋,一花发而知春,故而有"高楼晓见一花开,便觉春光四面来"之感,见微而知著也。反复吟诵《游春词》,体会"高楼晓见一花开,便觉春光四面来"与"山僧不解数甲子,一叶落知天下秋"的异曲同工之妙。

第二章 原理思想的意境

2. 赏数学名题,品诗词意蕴:

下列图形都是由同样大小的棋子按一定的规律组成的,其中第①个图形有 1 颗棋子,第②个图形一共有 6 颗棋子,第③个图形一共有 16 颗棋子,…,则第⑥个图形中棋子的颗数为( )。

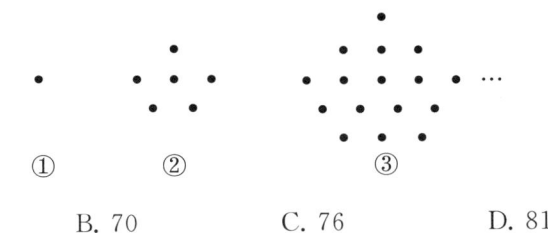

A. 51　　　B. 70　　　C. 76　　　D. 81

解:观察图形得到第①个图形中棋子的颗数为 $1=1+5\times 0$;

第②个图形中棋子的颗数为 $1+5=6$;

第③个图形中棋子的颗数为 $1+5+10=1+5\times 3=16$;

……

所以第 n 个图形中棋子的颗数为 $1+5\times(1+2+\cdots+n-1)=1+\dfrac{5n(n-1)}{2}$,当 $n=6$ 时,$1+\dfrac{5n(n-1)}{2}=76$,故选 C。

想一想:你还有其他方法解答此题吗?

第三章

建模解题的意境

第五节

诵诗文,悟意蕴,用"数学眼光"欣赏诗之数学建模的意境

诗情·画意·数学眼光
换一种视角欣赏诗

一　欲穷千里目，更上一层楼
——直线与圆相切的意境

> 白日依山尽，
>
> 黄河入海流。
>
> 欲穷千里目，
>
> 更上一层楼。
>
> ——[唐]王之涣《登鹳雀楼》

【文学视角】

这首诗体现了诗人在登高望远中表现出的卓越的胸襟抱负，反映了盛唐的人们积极昂扬的进取精神。诗文的意思：夕阳依傍着西山慢慢地落下，滚滚黄河向着东海汹涌的奔流而去。如果想把千里的风光看尽，那就需要登上更高的一层城楼。寥寥数语，把景色写得壮阔浩瀚，气势雄浑，放眼天地之无限，寄寓哲理之深沉。因此"欲穷千里目，更上一层楼"常常被作为追求理想境界的座右铭，流传千古。

【数学眼光】

从"欲穷千里目，更上一层楼"，联想到现实生活中的一个问题：欲能看到千里远，到底需要登上几层楼？这是一个数学建模——直线与圆相切的意境。

第三章 建模解题的意境

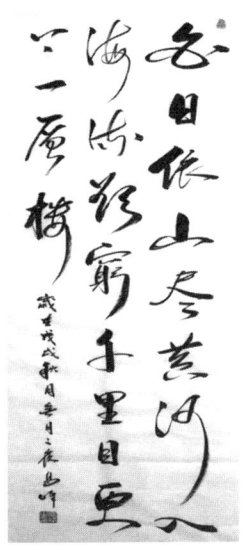

我们把地球近似看成是球体,取地球半径 $R=OA=$ 6 370 km。如图,PA 为视线,因为相切,所以 $OA \perp PA$。$PA=500$ km。

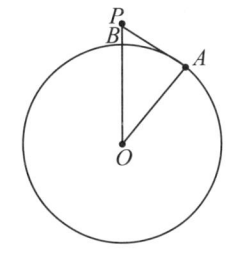

设楼高为 PB,在 Rt$\triangle AOP$ 中,由勾股定理得 $(PB+6\,370)^2 = 6\,370^2 + 500^2$,得 $PB \approx 19.593$(km)。如果每层按 3.3 m 计算,则 19 593 ÷ 3.3 ≈ 5 937(层),所以"欲穷千里目",要上 5 937 层楼才行。

"千里目"描写了诗人一种无止境探求的愿望。还想看到更远,看到目力所能达到的地方,唯一的办法就是要站得更高些。"更上一层楼","一层"是虚指,有诗人的夸张、想象成分。数学之真在于理性,数学之实在于精准。数学追求一种完全确定、完全可靠的知识。诗歌的想象和数学的真实,通过对比而互相印证。

诗情·画意·数学眼光
换一种视角欣赏诗

【学思悟行】

1. 背诵《登鹳雀楼》,并理解其内容及文学含义。

2. 上网搜索王之涣的生平介绍以及《登鹳雀楼》的写作背景。

3. 仔细体会"欲穷千里目,更上一层楼"的数学意境。

4. 创作一幅《登鹳雀楼》的书法、绘画或摄影作品。

5. 赏数学名题,品诗词意蕴:

我国明代数学读本《算法统宗》一书中有这样一道题:一支竿子一条索,索比竿子长一庹,对折索子来量竿,却比竿子短一庹。如果1庹为5尺,那么索长为_____尺,竿子长为_____尺。

分析:设索长为 x 尺,竿子长为 y 尺,根据"索比竿子长一庹,对折索子来量竿,却比竿子短一庹",即可得出关于 x,y 的二元一次方程组,解之即可得出结论。

解:设索长为 x 尺,竿子长为 y 尺,根据题意得 $\begin{cases} x-y=5, \\ y-\dfrac{1}{2}x=5, \end{cases}$ 解得 $\begin{cases} x=20, \\ y=15。 \end{cases}$ 故答案为 20,15。

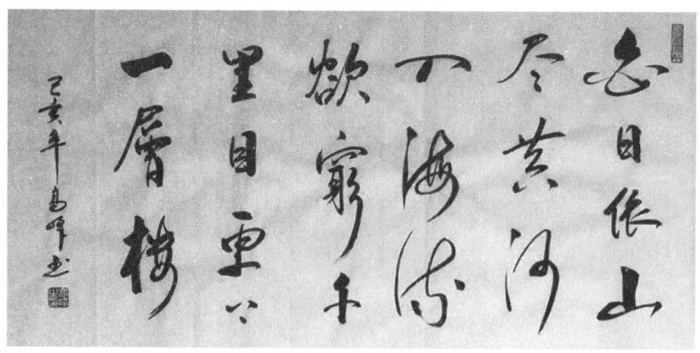

二 黄昏饮马傍交河
——将军饮马问题的意境

白日登山望烽火,黄昏饮马傍交河。
行人刁斗风沙暗,公主琵琶幽怨多。
野云万里无城郭,雨雪纷纷连大漠。
胡雁哀鸣夜夜飞,胡儿眼泪双双落。
闻道玉门犹被遮,应将性命逐轻车。
年年战骨埋荒外,空见蒲桃入汉家。

——[唐]李颀《古从军行》

【文学视角】

这首诗虽然所歌咏的是历史,但诗的内容却暗含了他对唐玄宗"益事边功"穷兵黩武的开边之策的看法。此诗的意思是:白天我登山观察报警的烽火台,黄昏的时候牵马去近交河边饮水。昏暗的风沙中传来阵阵的打更声,就像汉代公主的琵琶声一样饱含幽怨。旷野之上云雾茫茫万里不见城郭,纷纷雨雪笼罩着无垠的沙漠。哀鸣的胡雁夜夜从空中掠过,胡人士兵个个都眼泪双双滴落。听闻玉门关已被挡住,归路已无,战士只有以命追随将军奔波。年年战死的将士的尸骨只能埋葬于荒郊野外,换来的却只是西域葡萄送往汉家。

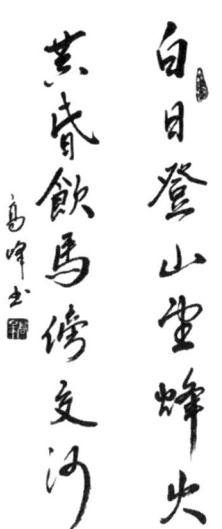

诗情·画意·数学眼光
换一种视角欣赏诗

【数学眼光】

唐朝诗人李颀的诗《古从军行》首联道:"白日登山望烽火,黄昏饮马傍交河。"此诗前面一句蕴含着二进制原理的意境,后面一句蕴藏着一个有趣的数学问题,即"将军饮马"问题:如图①所示,诗中所写的将军在观望烽火之后从山脚下的点 A 出发,先走到河边饮马,后再回到点 B 宿营。请问怎样走才能使两段的路程之和最短?

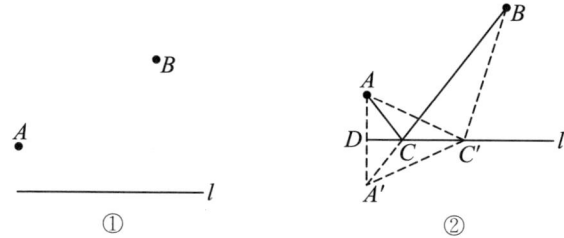

解决这个问题要用到所学的轴对称知识。如图②所示,从点 A 出发向河岸引垂线,垂足为 D,取点 A 关于河岸的对称点 A',连接 $A'B$,与河岸线 l 相交于点 C,则点 C 就是饮马的地方。将军只要从点 A 出发,沿直线走到点 C,饮马之后,再由点 C 沿直线走到点 B,所走的总路程就是最短的。因为如果将军在河边的另外任意一点 C' 饮马,所走的总路程就是 $AC'+C'B$,但是 $AC'+C'B=A'C'+C'B>A'B=A'C+CB=AC+CB$。可见,在点 C 外任意一点 C' 饮马,所走的路程都要远一些。

关于"将军饮马"问题曾有这样的传说:在古罗马时代,有一位精通数理的学者海伦居住在亚历山大城。一天,有位罗马将军慕名而来,向他请教一个百思不得其解的问题:将军从军营出发先到河边饮马,再去河同侧的某地开会,应该怎样走才能使两段的路程之和最短?海伦略加思索就解决了这个问题,展现了他个人非凡的智慧。这个问题就被称为"将军饮马",从此广为流传。

第三章 建模解题的意境

【学思悟行】

1. 朗诵唐代李颀《古从军行》、唐代王昌龄《从军行·其四》、唐代李白《关山月》、唐代王维《陇西行》、唐代岑参《碛中作》等边塞诗,体会诗中的汉唐情结、边塞风光与正大气象。

2. 上网搜索王维的生平介绍以及《陇西行》的写作背景。

3. 朗诵唐代王维《陇西行》:"十里一走马,五里一扬鞭。都护军书至,匈奴围酒泉。关山正飞雪,烽戍断无烟。"感悟诗句"烽戍断无烟"的数学意境。

4. 仔细体会"黄昏饮马傍交河"的数学意境。

5. 以问题1中的诗句,创作一幅书法作品。

6. 赏数学名题,品诗词意蕴:

已知 AB 是 $\odot O$ 的直径,$AB=4$,C 是半圆的三等分点,D 是弧 BC 的中点,AB 上有一动点 P,连接 PC,PD,则 $PC+PD$ 的最小值是多少?并画出取最小值时点 P 的位置。

解:作点 C 关于直径 AB 的对称点 C',则 C' 在圆上。

∵ C 是半圆的三等分点,则 $\angle COB=60°$,$\angle DOC'=90°$,

∴ $PC+PD=PC'+PD=C'D=\sqrt{2}OD=2\sqrt{2}$,所以 $PC+PD$ 的最小值为 $2\sqrt{2}$。此时 DC' 与 AB 的交点即为点 P。

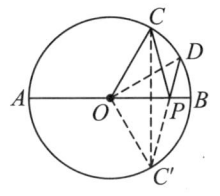

三 山形依旧枕寒流
——定点的意境

王濬楼船下益州,金陵王气黯然收。

千寻铁锁沉江底,一片降幡出石头。

人世几回伤往事,山形依旧枕寒流。

今逢四海为家日,故垒萧萧芦荻秋。

——[唐]刘禹锡《西塞山怀古》

【文学视角】

西塞山,在今湖北黄石市东的长江边上,险峻陡峭,是有名的六朝军事要塞。长庆四年(824),刘禹锡由夔州刺史调任和州刺史,沿长江东下,路过西塞山,即景抒情,写下这首诗。诗人讲述了曾在金陵建都的几个朝代的兴亡,希望引起人们的注意,吸取以往的经验教训,体现出诗人对国家的一片忠心。全诗借古喻今,虽感伤沉郁,但繁简得当,直点现实。此诗的意思:王濬率领着高大的战船,顺江而下,去讨伐东吴,金陵城中原本显赫的王气黯然消失。千丈之长的铁链沉入江底,只见一面投降的旗子挂于石头城上。人生中有几回悲伤的往事,山形却依旧没有改变,枕靠在长江边。从今往后天下统一,昔日的堡垒在一片芦竹中显得格外凄凉萧瑟。

【数学眼光】

在数学中,函数的定点是指无论函数解析式中的字母取何值,函数图像恒定经过的点。"人世几回伤往事,山形依旧枕寒流。"刘禹锡十分成功地运用了变与不变的对比:三国鼎立的消亡,宋齐梁陈的更替,人世间发生了多少兴亡的变化,然而,"山形依旧枕寒流",险要的西塞山却没有变,仍然枕靠长江,迎风搏浪,一如既往。诗人用变化中的不变量来增强诗的感染力。但是,如果读者站在数学的角度审视这首诗,这不就是函数定点的意境吗?

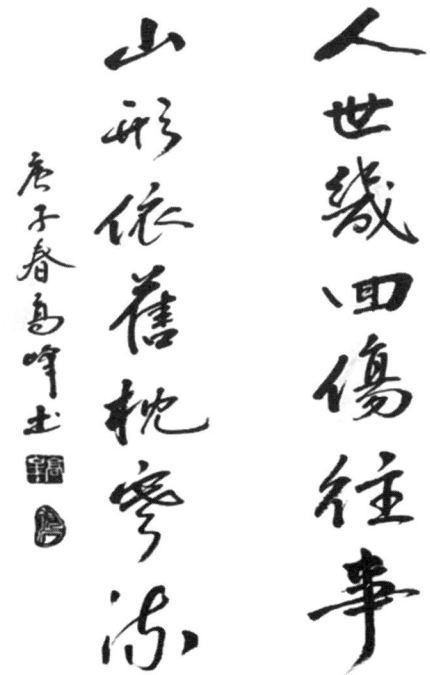

【学思悟行】

1. 背诵刘禹锡的《西塞山怀古》,并理解其文学含义。

2. 上网搜索刘禹锡《西塞山怀古》的写作背景。

3. 仔细体会"山形依旧枕寒流"的数学意境。

4. 朗诵刘禹锡的《乌衣巷》:"朱雀桥边野草花,乌衣巷口夕阳斜。旧时王谢堂前燕,飞入寻常百姓家。"体会"旧时王谢堂前燕,飞入寻常百姓家"的数学意境。

5. 猜谜:山形依旧枕寒流。(打一数学名词)

诗情·画意·数学眼光
换一种视角欣赏诗

6. 赏数学名题,品诗词意蕴:

求证:抛物线 $y=(3-m)x^2+(m-2)x+2m-1(m\neq3)$ 过定点,并求出该定点坐标。

证明:将抛物线方程整理为关于 m 的方程为:

$(x^2-x-2)m=3x^2-2x-1-y$,令 $x^2-x-2=0, 3x^2-2x-1-y=0$,解得 $\begin{cases}x=-1,\\y=4\end{cases}$ 或 $\begin{cases}x=2,\\y=7\end{cases}$ 把点 $(-1,4)$、$(2,7)$ 分别带入 $y=(3-m)x^2+(m-2)x+2m-1$,等式恒成立,即点 $(-1,4)$、$(2,7)$ 总在抛物线 $y=(3-m)x^2+(m-2)x+2m-1(m\neq3)$ 上,这也就是说抛物线 $y=(3-m)x^2+(m-2)x+2m-1(m\neq3)$ 过定点 $(-1,4)$ 和 $(2,7)$。

四 一岁一枯荣
——周期函数的意境

> 离离原上草，一岁一枯荣。
>
> 野火烧不尽，春风吹又生。
>
> 远芳侵古道，晴翠接荒城。
>
> 又送王孙去，萋萋满别情。
>
> ——[唐]白居易《赋得古原草送别》

【文学视角】

此诗相传是白居易十六岁时所作，属诗人的成名作。诗词通过对古原上野草的描绘，抒发送别友人时的依依惜别之情。"离离原上草"，描写春草的茂盛。"一岁一枯荣"，写出原上野草秋枯春荣，岁岁循环，生生不已的规律。"野火烧不尽，春风吹又生"，描写烈火无情地焚烧，只要春风一吹，又是遍地青青的野草。诗的前四句表面上歌颂野草，实质上是对生命的赞颂。"远芳侵古道，晴翠接荒城"，刻画春草蔓延，绿野广阔的景象，点出友人即将经历的处所。最后两句"又送王孙去，萋萋满别情"，是承接前文，以乐景写出哀情，用绵绵不尽的萋萋春草比喻充塞胸臆、弥漫原野的惜别之情，真正达到了情景交融、韵味无穷的境界。诗文的意思：平原上的野草长得多么茂盛啊，每年枯萎后在来年又获得新生。熊熊的野火烧不尽这无边野草,只要春风一吹,它又能重新得到生命。无边无际的野草香弥漫在古老的道路上,春草的蔓延使得广阔绿野连接到远处的荒城。又要送别远游的朋友,茂盛的春草好像满含依依不舍的深情。

【数学眼光】

"一岁一枯荣"反映了一种周期运动,可以有其函数模型。

不妨设草的长度为 $h(t)$,时间 t 位于 $(0,12)$ 就能描述以一年为周期的函数模型(例如,不妨假定 4 月后草开始逐渐线性生长,6 月生长停止,11 月枯萎,直到次年 4 月重新生长),设草长得最高时长度为 h_0,则草的长度 $h(t)$ 与时间 t 的函数解析式为:

$$h(t) = h(t+12) \text{ 与 } h(t) = \begin{cases} 0, & 0 \leqslant t < 4, \\ \dfrac{h_0}{2}(t-4), & 4 \leqslant t < 6, \\ h_0, & 6 \leqslant t < 11, \\ 0, & 11 \leqslant t < 12。 \end{cases}$$

第三章　建模解题的意境

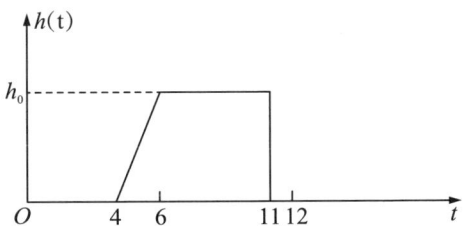

在三角函数中，教师讲函数的周期性定义时，用"一岁一枯荣"创设意境，引入课题，能让学生有耳目一新的感觉。

原上草"一岁一枯荣"，岁岁枯荣是其生命之律动过程，秋枯春荣，岁岁循环，生生不息，这与周期函数的数学意境完全吻合。

【学思悟行】

1. 背诵《赋得古原草送别》，并理解其文学含义。

2. 上网搜索白居易的生平介绍及《赋得古原草送别》的写作背景。

3. 仔细体会"一岁一枯荣"的数学意境。

4. 上网搜索晏殊的词《浣溪沙》、王安石的诗《泊船瓜洲》或张若虚的诗《春江花月夜》，体会"无可奈何花落去，似曾相识燕归来""春风又绿江南岸，明月何时照我还？"或"人生代代无穷已，江月年年只相似"的数学意境。

5. 赏数学名题，品诗词意蕴：

如图，边长为1的正三角形 ABC 放置在边长为2的正方形内部，顶点 A 在正方形的一个顶点上，边 AB 在正方形的一边上，将 $\triangle ABC$ 绕点 B 按顺时针方向旋转，当点 C 落在正方形的边上时，完成第一次无滑动滚动（如图①），再将 $\triangle ABC$ 绕点 C 按顺时针方向旋转，当点 A 落在正方形的边上时，完成第2次无滑动滚动（如图②），……，每次旋转的角度都不大于120°，这样依次操作下去，当完成第2 016次无滑动滚动时，点 A 经过的路径总长为_____。

分析及解法：每次滚动，点 A 经过的路径都是弧，弧所在圆的半径都是等边三角形的边长,所以每次滚动的路径长取决于弧所对圆心角的度数,容易发现点 A 滚动的旋转角依次为 $120°,30°,0°,30°,120°,0°,120°,\cdots$,用旋转角为参照考虑周期性,从角度的大小看只有 3 种,角度之和以 3 为 1 个周期,$2\,016\div3=672$,点 A 经过的总长为 $\left(\dfrac{120\pi}{180}+\dfrac{30\pi}{180}+0\right)\times672=560\pi$。

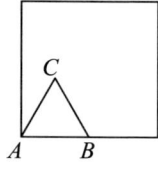
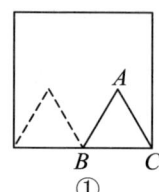
①
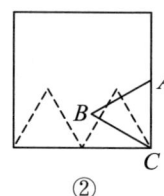
②

五　楚山秦山皆白云，白云处处长随君
——递推公式的意境

> 楚山秦山皆白云，
>
> 白云处处长随君。
>
> 长随君，
>
> 君入楚山里，
>
> 云亦随君渡湘水。
>
> 湘水上，女萝衣，
>
> 白云堪卧君早归。
>
> ——[唐]李白《白云歌送刘十六归山》

【文学视角】

这首诗当为唐玄宗天宝初年李白在长安送刘十六归隐湖南所作。此诗的命题为"白云歌"，诗中紧紧抓住白云这一形象，展开情怀的抒发。从首句"楚山秦山皆白云"起，这朵白云就如影随形，随他渡过湘水，跟他进入楚山，直到最后一句"白云堪卧君早归"，祝他高卧白云为止。可以说全诗自白云始，以白云终。我们看到不仅是一朵白云的飘浮，还有隐者的高洁、隐逸行动的高尚，也完全展现。这首诗既不直接写隐者，也不咏物式地描绘白云，而只是把它作为隐逸的象征。故而，是隐者，亦为白云；是白云，亦为隐者。因此真正的达到了风神潇洒、清空高妙的境界。此诗的意思：壮丽的河山，无论秦楚，处处飞白云。白云处处飞，为着长随你。长随你，你去楚山隐居，白云也跟随你渡过湘江水。湘江上，仙女做流苏，潇洒又飘逸。那里的白云真美丽，愿你早些找到归宿。

诗情·画意·数学眼光
换一种视角欣赏诗

【数学眼光】

"楚山秦山皆白云,白云处处长随君。长随君……"顶真可使句子结构整齐,语气贯通,突出事物之间的环环相扣。李白的《白云歌送刘十六归山》,让我们情不自禁地联想起数学中的递推公式模型。如果数列$\{a_n\}$的第n项与它前一项或前几项的关系可以用一个式子来表示,那么这个式子叫作这个数列的递推公式,一般地有关系式$a_n = f(a_{n-1})$,即相邻两项之间存在着"重叠"关系。这不正是诗词中"回文顶真"

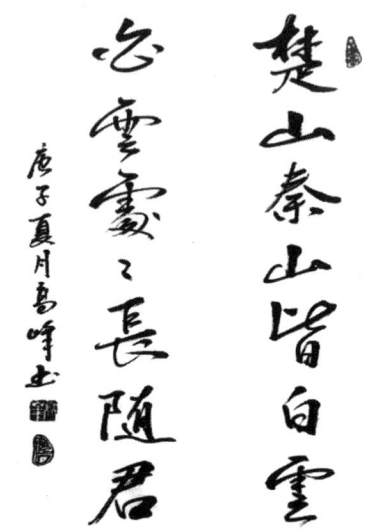

的意境吗?所以,在数学课堂上进行诗词熏陶,利用诗词加深对数学概念的理解,可谓一举两得。

【学思悟行】

1. 背诵李白的《白云歌送刘十六归山》,并理解其内容及文学含义。

2. 上网搜索李白《白云歌送刘十六归山》的写作背景。

3. 小组交流学习李白的《白云歌送刘十六归山》的心得。

4. 仔细体会"顶真诗"的数学意境。

5. 上网搜索其他"顶真诗"。

6. 朗诵明代无名氏的《桃话冷落》:

    桃花冷落被风飘,飘落残花过小桥。

    桥下金鱼双戏水,水边小鸟理新毛。

    毛衣未湿黄梅雨,雨滴红梨分外娇。

    娇姿常伴垂杨柳,柳外双飞紫燕高。

高阁佳人吹玉笛,笛边鸾线挂丝绦。

绦丝玲珑香佛手,手中有扇望河潮。

潮平两岸风帆稳,稳坐舟中且慢摇。

摇入西河天将晚,晚窗寂寞叹无聊。

聊推纱窗观冷落,落云渺渺被水敲。

敲门借问天台路,路过小桥有断桥,

桥边种碧桃。

试以"文学视角"与"数学眼光"体会其中的含义。

7. 赏数学名题,品诗词意蕴:

已知 $a>0$,$S_1=\dfrac{1}{a}$,$S_2=-S_1-1$,$S_3=\dfrac{1}{S_2}$,$S_4=-S_3-1$,$S_5=\dfrac{1}{S_4}$,$\cdots$,即:当 n 为大于 1 的奇数时,$S_n=\dfrac{1}{S_{n-1}}$;当 n 为大于 1 的偶数时,$S_n=-S_{n-1}-1$。按此规律,$S_{2018}=$ _____。

分析:根据 S_n 的变化找出 S_n 的值每 6 项为一循环,结合 $2018=336\times 6+2$,即可得出 $S_{2018}=S_2$,此题得解。

解:$S_1=\dfrac{1}{a}$,$S_2=-S_1-1=-\dfrac{1}{a}-1=-\dfrac{a+1}{a}$,$S_3=\dfrac{1}{S_2}=-\dfrac{a}{a+1}$,$S_4=-S_3-1=\dfrac{a}{a+1}-1=-\dfrac{1}{a+1}$,$S_5=\dfrac{1}{S_4}=-(a+1)$,$S_6=-S_5-1=(a+1)-1=a$,$S_7=\dfrac{1}{S_6}=\dfrac{1}{a}$,$\cdots$ $\therefore S_n$ 的值每 6 项一循环。$\because 2018=336\times 6+2$,$\therefore S_{2018}=S_2=-\dfrac{a+1}{a}$。故答案为 $-\dfrac{a+1}{a}$。

六　渐行渐远渐无书，水阔鱼沉何处问
——反比例函数的意境

别后不知君远近，触目凄凉多少闷。
渐行渐远渐无书，水阔鱼沉何处问。
夜深风竹敲秋韵，万叶千声皆是恨。
故欹单枕梦中寻，梦又不成灯又烬。

——[宋]欧阳修《玉楼春·别后不知君远近》

【文学视角】

《玉楼春·别后不知君远近》描写的是思妇念远的愁情。上阕写思妇别后的孤苦凄凉和对远游人深切的思念；下阕借景抒情，描写思妇秋夜难眠唯有一盏孤灯陪伴的愁苦。全词突出一个"恨"字，层层深入，婉约深沉，把一个闺中独居的女子对杳无音讯的无情之人的怨恨以及在爱人离家后的凄凉悲愁，刻画得淋漓尽致。笔调委婉，语言浅白，情感细腻，境界清疏蕴藉，哀怨缠绵，雅俗兼备。抒情与写景兼容并蓄，情中带凄清之景，景中寓婉曲之情，表现出独特的深曲婉丽的艺术风格。词的意思：分别后不知你在何处，满目凄凉而心中却有说不尽的苦闷。你越走越远逐渐断了书信，鱼书不传我去哪儿问讯？深夜，风吹竹叶萧萧不止，千声万声都是离恨别愁。我斜倚孤枕想到梦中寻找你，哪知道梦没有做成而灯芯又已燃尽。

【数学眼光】

"你越走越远，最后竟断了音信；江水是何等的宽阔，鱼儿深深地游在水底，我又能向何处去打听你的消息？""你越走越远，最后竟杳无音信；江水是

第三章 建模解题的意境

何等的宽阔,鱼儿游在深深的水底,我又能去何处打听你的消息?"这是对"渐行渐远渐无书,水阔鱼沉何处问"的文学理解。如果学习过反比例函数,想到它的图像是双曲线,就不难感悟到该诗句不正是双曲线图像的意境吗?如果这样理解,我们描述反比例函数图像特征的同时,也就感受到了诗歌的魅力。

【学思悟行】

1. 朗诵《玉楼春·别后不知君远近》,并理解其文学含义。

2. 上网搜索欧阳修的生平介绍以及《玉楼春·别后不知君远近》的写作背景。

3. 仔细体会"渐行渐远渐无书,水阔鱼沉何处问"的数学意境。

诗情·画意·数学眼光
换一种视角欣赏诗

4. 赏数学名题,品诗词意蕴:

若一个反比例函数的图像经过点 $A(m,m)$ 和 $B(2m,-1)$,则这个反比例函数的解析式为 _____。

分析:设反比例函数的解析式为 $y=\dfrac{k}{x}$,依据反比例函数的图像经过点 $A(m,m)$ 和 $B(2m,-1)$,即可得到 k 的值,进而得出反比例函数的解析式为 $y=\dfrac{4}{x}$。

解:设反比例函数的解析式为 $y=\dfrac{k}{x}$,∵反比例函数的图像经过点 $A(m,m)$ 和 $B(2m,-1)$,∴$k=m^2=-2m$,解得 $m_1=-2$,$m_2=0$(舍去),∴$k=4$,∴反比例函数的解析式为 $y=\dfrac{4}{x}$。

七　飞流直下三千尺，疑是银河落九天
——二次函数的意境

> 日照香炉生紫烟，
>
> 遥看瀑布挂前川。
>
> 飞流直下三千尺，
>
> 疑是银河落九天。
>
> ——[唐]李白《望庐山瀑布》

【文学视角】

　　这是诗人李白隐居庐山时写的一首风景诗。香炉，指庐山香炉峰，其峰尖圆，是烟云聚散之处。首句描写顶天立地的香炉峰，团团白烟冉冉升起，缥缈于青山蓝天之间，在阳光的照射下化成一片紫色的烟霞，渲染了香炉峰的美，富有浪漫主义色彩，为后面描写不寻常的庐山瀑布埋下伏笔。次句中，"遥看瀑布"紧扣了题目《望庐山瀑布》，"挂前川"是说瀑布像一条巨大的白练从悬崖直挂到前方的河流上。第三句是从近处细致地描写瀑布。"飞流"表现瀑布凌空而出，喷涌飞泻。"直下"既写出岩壁的陡峭，又写出水流之急。"三千尺"甚为夸张，写出了山的高峻。尾句描写这"飞流直下"的瀑布，使人怀疑是银河从九天倾泻而来。一个"疑"，用得若真若幻，空灵活泼，引人遐想，增添了瀑布的神奇色彩。诗文的意思：在太阳的照射下，香炉峰生

诗情·画意·数学眼光
换一种视角欣赏诗

起紫色烟霞,远远望去,瀑布像白色的绢绸悬挂在山前。水流从三千尺的高处奔泻而下,让人恍惚以为是银河从天而泻,落到人间。

【数学眼光】

"飞流直下三千尺,疑是银河落九天。"从文学角度看,这是李白写的一首庐山风景诗。用数学眼光看,远望瀑布,飞流中的水的轨迹形成一个平抛的抛物线,其图形与函数 $y=ax^2+c$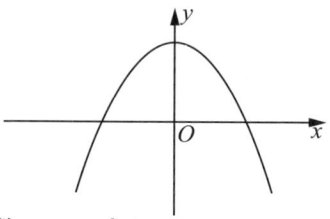
($a<0,c>0$)的图像极其相似。学生一边学习函数 $y=ax^2+c$($a<0,c>0$)的图像与性质时,一边吟咏李白的《望庐山瀑布》,诗词的数学意境便呼之欲出。

【学思悟行】

1. 朗诵李白的《望庐山瀑布》,并理解其文学含义。

2. 上网搜索李白《望庐山瀑布》的写作背景。

3. 仔细体会"飞流直下三千尺,疑是银河落九天"的数学意境。

4. 选择《望庐山瀑布》中的句子,创作一幅书法作品。

5. 赏数学名题,品诗词意蕴:

已知二次函数 $y=2(x-1)(x-m-3)$(m 为常数)。

(1)求证:不论 m 为何值,该函数的图像与 x 轴总有公共点;

(2)当 m 取什么值时,该函数的图像与 y 轴的交点在 x 轴的上方?

解:(1)令 $y=0$,得 $x_1=1$,$x_2=m+3$。该二次函数图像与 x 轴的交点为 $(1,0)$、$(m+3,0)$。所以,不论 m 为何值,该函数的图像与 x 轴总有公共点。

(2)在 $y=2(x-1)(x-m-3)$ 中,令 $x=0$,得 $y=2(m+3)$。由 $y>0$ 得 $m>-3$。

八 勤学如春起之苗,不见其增,日有所长
——函数单调性的意境

勤学如春起之苗,不见其增,日有所长;
辍学如磨刀之石,不见其损,日有所亏。

——[东晋]陶渊明

【文学视角】

这首诗蕴含着辩证法思想,即量变和质变规律。质量互变规律是唯物辩证法的基本规律之一。它揭示了事物发展中的量变和质变两种状态,以及由于事物内部矛盾所决定的由量变到质变,再到新的量变

的发展过程。这一规律提供了事物发展是质变和量变的统一、连续性和阶段性的统一的观察事物的原则和方法。诗文的意思:勤奋学习好比春天的嫩苗,虽然没有看见它变高它却每天都在生长,停止学习就像磨刀的石头,虽然没看见它损失它却每天都有减少。此诗表达的是要注意学习的连续性,坚持不懈,点滴的知识积累到一定程度,这个人的学问就会产生质的飞跃。

【数学眼光】

从文学角度看,这是一首强调坚持学习的重要性的古诗,但从数学的角度看,日有所长就是随着日子的变化而不断增加,日有所亏就是随着日子的变化而不断减少。类比函数,随着自变量的增加,函数值在不断增加(或不断减少),这样的函数具有怎样的性质呢?这不就是数学中函数单调性的意境吗?数学课上,有的老师借用文学诗词引入,不经意间就拉近了师生的距离,学生的学习兴趣得到激发,感受到数学的魅力,感受到学科之间的密切联系。这样,既提升了学习的品位,也提升了学生对函数单调性相关概念的理解。

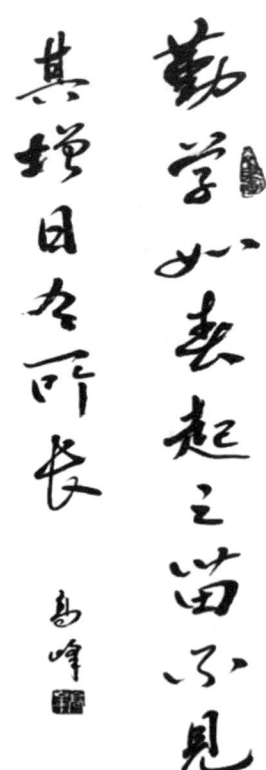

第三章 建模解题的意境

【学思悟行】

1. 背诵陶渊明的《勤学如春起之苗》,并理解其内容及文学含义。

2. 上网搜索陶渊明的生平介绍及《勤学如春起之苗》的写作背景。

3. 仔细体会"勤学如春起之苗……"的数学意境。

4. 上网搜索其他"勤学诗",并理解其含义。

5. 赏数学名题,品诗词意蕴:

如图,一个函数的图像由射线 BA、线段 BC、射线 CD 组成,其中点 $A(-1,2)$,$B(1,3)$,$C(2,1)$,$D(6,5)$,则此函数( )。

A. 当 $x<1$ 时,y 随 x 的增大而增大

B. 当 $x<1$ 时,y 随 x 的增大而减小

C. 当 $x>1$ 时,y 随 x 的增大而增大

D. 当 $x>1$ 时,y 随 x 的增大而减小

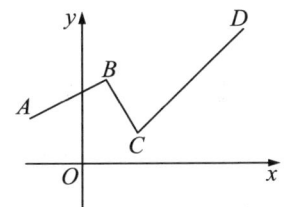

分析:根据函数图像和题目中的条件,可以写出各段中函数图像的变化情况,从而可以解答本题。

解:由函数图像可得,当 $x<1$ 时,y 随 x 的增大而增大,故选项 A 正确,选项 B 错误;当 $1<x<2$ 时,y 随 x 的增大而减小;当 $x>2$ 时,y 随 x 的增大而增大,故选项 C,D 错误。故选 A。

诗情·画意·数学眼光
换一种视角欣赏诗

九 葡萄美酒夜光杯
——抛物线的意境

> 葡萄美酒夜光杯,
> 欲饮琵琶马上催。
> 醉卧沙场君莫笑,
> 古来征战几人回?
>
> ——[唐]王翰《凉州词二首·其一》

【文学视角】

这首诗不仅意蕴深远,还使人身临其境。在音乐高度发达的李唐王朝,不仅做到了诗中有画、画中有诗,还做到了诗中有乐、乐中有诗。诗文的意思:酒筵上甘醇可口的葡萄美酒盛满在晶莹的夜光杯之中,正要酣畅淋漓的痛饮时,动人的琵琶声也从马上悠悠的传来,仿佛催人出征。如果我醉卧在沙场上,也请你不要笑话,自古以来出外打仗的有几人能够返回家乡?

【数学眼光】

唐代诗人王翰的诗句:"葡萄美酒夜光杯,欲饮琵琶马上催"中的"夜光杯",它的轴截面的形状就是我们学习的几何图形"抛物线"的一部分。假设测得诗句中的"夜光杯"杯口宽4厘米,杯深8厘米,求解"夜光杯"的抛物线方程。"葡萄美酒夜光杯,欲饮琵琶马上催。醉卧沙场君莫笑,古来征战几人回?"数学课堂上,我们一边做着数学题,一边朗诵王翰的诗句,学生肯定会对抛物线产生浓厚的兴趣,并积极学习,计算出该"夜光杯"的抛物线方程。

【学思悟行】

1. 背诵王翰的《凉州词二首·其一》,并理解其文学含义。

2. 上网搜索王翰的生平介绍及《凉州词二首·其一》的写作背景。

3. 赏数学名题,品诗词意蕴:

假设测得诗句中的"夜光杯"的横截面是圆,轴截面是抛物线,口宽 5 cm,杯深 8 cm,酒杯中装的酒的高度是杯深的四分之一,求此时酒面的直径。

分析:建立平面直角坐标系,以抛物线模型求解。

解:以抛物线顶点为原点,对称轴为 y 轴,建立如图所示的平面直角坐标系,设抛物线对应的函数是 $y=ax^2$,则点(2.5,8)在抛物线上,所以 $8=a\times 2.5^2$,解得 $a=\dfrac{32}{25}$,所以抛物线对应的函数是 $y=\dfrac{32}{25}x^2$。

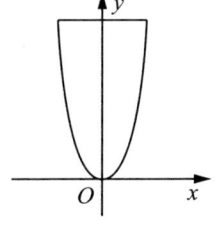

当 $y=\dfrac{8}{4}=2$ 时,有 $2=\dfrac{32}{25}x^2$,解得 $x=\pm\dfrac{5}{4}$,因此酒面的直径为 $2|x|=2\times\dfrac{5}{4}=2.5$(cm)。

答:酒面的直径是 2.5 cm。

诗情·画意·数学眼光
换一种视角欣赏诗

十　万条垂下绿丝绦
——对数函数的意境

> 碧玉妆成一树高，
> 万条垂下绿丝绦。
> 不知细叶谁裁出，
> 二月春风似剪刀。
>
> ——[唐]贺知章《咏柳》

【文学视角】

这是一首咏物诗，通过描绘柳树，表现出诗人对春天的无限热爱。诗的前两句分别描写了柳树的颜色碧绿、柳枝轻柔、柳叶形态美。而第三、四句自问自答，巧妙地由柳树过渡到春风，说能够裁出这样细巧的柳叶，当然也能裁出鲜红嫩绿的花花草草。它是自然活力的代表，是春的创造力的象征。这首诗通过赞美柳树，进而赞美春天，讴歌具有无限创造力的春。全诗的意思是：如同

碧玉装扮而成的柳树，细长的柳条柔嫩又轻盈，像千万条绿色的丝带下垂着，在春风中翩翩起舞。这一片片细巧而柔美的柳叶，是谁精心裁剪的呢？就是这早春二月的风，温暖和煦，如同神奇灵巧的剪刀一般，裁剪出了一条条柳叶，装点着锦绣大地。

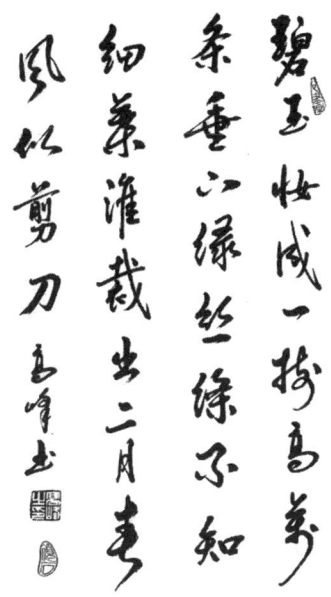

【数学眼光】

研究对数函数 $y=\log_a x(a>0$ 且 $a\neq 1)$时,必须知道底数取不同值时的图像。现将各种情况下的图像画在同一个坐标系中,如果将整个图像按原点顺时针方向旋转 90°得到的一条条的曲线犹如一条条的柳枝,试想一下,那不就是诗中的"万条垂下绿丝绦"吗?

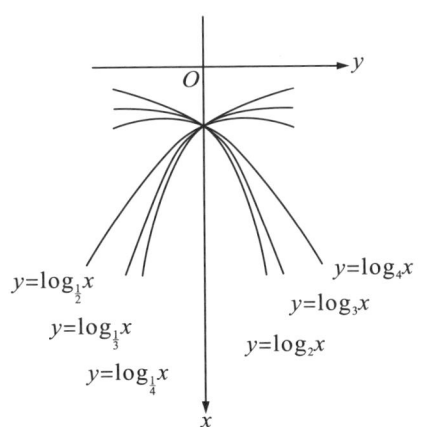

诗情·画意·数学眼光
换一种视角欣赏诗

【学思悟行】

1. 背诵贺知章的《咏柳》,并理解其文学含义。

2. 上网搜索贺知章的生平介绍及《咏柳》的写作背景。

3. 深刻体会"碧玉妆成一树高,万条垂下绿丝绦。不知细叶谁裁出,二月春风似剪刀"的对数函数意境。

4. 也有人认为《咏柳》具有指数函数的意境,如何理解?

5. 赏数学名题,品诗词意蕴:

已知函数 $f(x)=\log_2(x^2+a)$,若 $f(3)=1$,则 $a=$ _____。

解:由题意可得 $\log_2(9+a)=1$,∴$9+a=2$,$a=-7$。故答案为 -7。

十一 天门中断楚江开,碧水东流至此回
——函数 $y=x^{-2}$ 的意境

> 天门中断楚江开,
> 碧水东流至此回。
> 两岸青山相对出,
> 孤帆一片日边来。
>
> ——[唐]李白《望天门山》

【文学视角】

　　这首诗描写了诗人泛舟江中,逆流而上,远眺天门山的景色。天门山是现在安徽省芜湖市的东梁山与和县的西梁山的总称。两座山夹江对峙,像一座天然的门户,形势非常险峻,"天门"因此而得名。第一句"天门中断楚江开",着重描写了浩荡东流的楚江(长江流经旧楚地的一段)冲破天门汹涌而去的壮阔气势。第二句"碧水东流至此回",又反过来描写夹江对峙的两山对汹涌奔腾的楚江之约束力与反作用。由于两山夹峙,壮阔的长江水流激起回旋,形成了波涛汹涌的奇观。"两岸青山相对出,孤帆一片日边来。"这两句是

诗情·画意·数学眼光
换一种视角欣赏诗

一个不可分割的整体。上句写眼中所见天门对峙的两山雄姿,下句则点明"望"的立脚点,同时表现出诗人的兴致淋漓。诗文的意思:高高的天门山呀,被滔滔的楚江之水从中间劈开;江水是那么的清澈,向东流到天门山产生的回旋汹涌澎湃。两岸耸立的青山,巍然陡峭;一片孤帆从水天相接的远处正缓缓驶来,好似来自天边。

【数学眼光】

我们在研究幂函数时,可以知道幂函数 $y = x^{-2}$ 的图像分布在第一、二象限且关于 y 轴对称,y 轴犹如"天门中断楚江开",两支曲线犹如"两岸青山相对出",其数学意境呼之欲出。

【学思悟行】

1. 朗读李白的《望天门山》,并理解其文学含义。

2. 上网搜索李白《望天门山》的写作背景。

3. 猜谜:函数 $y = x^{-2}$ 的图像。(打一李白诗句)

4. 赏数学名题,品诗词意蕴:

如图,在 $\triangle ABC$ 中,$BC = 12$,边 BC 上的高 $h = 6$,D 为 BC 上一点,$EF \parallel BC$,交边 AB 于点 E,交边 AC 于点 F,设点 E 到边 BC 的距离为 x,则 $\triangle DEF$ 的面积 y 关于 x 的函数图像大致为( )。

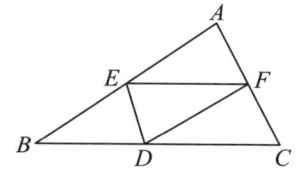

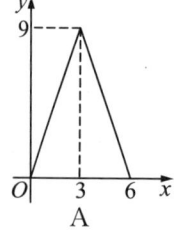
A

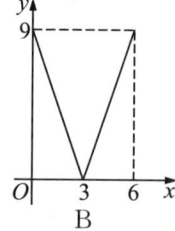
B

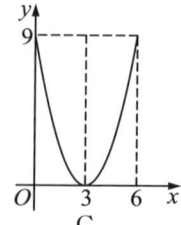
C

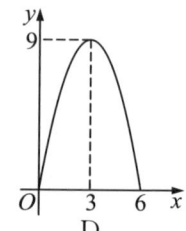
D

第三章 建模解题的意境

分析:可过点 A 向 BC 作 $AH \perp BC$ 于点 H,根据相似三角形性质求出 EF,进而求出函数解析式,由此即得到答案。

解:过点 A 向边 BC 作 $AH \perp BC$ 于点 H,交 EF 于点 M,设 $MH=x$,所以根据相似比可知:$\dfrac{EF}{12}=\dfrac{6-x}{6}$,即 $EF=2(6-x)$,所以 $y=\dfrac{1}{2}\times$ 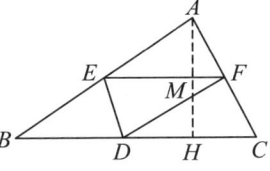 $2(6-x)x=-x^2+6x(0<x<6)$。该函数图像是抛物线的一部分,故选 D。

诗情·画意·数学眼光
换一种视角欣赏诗

十二　恰似一江春水向东流
——正弦函数的意境

> 春花秋月何时了，
> 往事知多少。
> 小楼昨夜又东风，
> 故国不堪回首月明中。
> 雕栏玉砌应犹在，
> 只是朱颜改。
> 问君能有几多愁？
> 恰似一江春水向东流。
>
> ——[南唐]李煜《虞美人·春花秋月何时了》

【文学视角】

李煜的代表作《虞美人》，也是李后主的绝命词。相传他在自己生日的夜晚，在居所命歌妓作乐，唱新作《虞美人》词，声音传到外面。宋太宗听后大怒，命人赐药酒，将他毒死。这首词通过今昔交叉对比，表现出一个亡国之君的无穷哀怨。全词以优美、凝练、清新、明净的语言，运用设问、对比、比喻等多种修辞手法，高度地概括并淋漓尽致地表达出诗人的真实情感。因此前人赞誉李煜的词是"一字一珠""血泪之歌"。全词虚设问答，在问答中又紧扣回首往事、感慨今昔，写得自然而一气呵成，最后进入言有尽而意无穷的境界，使词显得辽阔雄伟。这首词的意思：今年的时光什么时候才能结束,过往的事还记得多少!昨夜小楼上春风又吹来,在这皓月当空的夜晚我怎么能忍受回忆故国的伤痛。精雕细琢的栏杆、玉石砌成的台阶应该都还在,只是所想念的人已衰老。若问我心中有多少哀愁,我的哀愁就像那滚滚东流的春江之水般永无止境。

【数学眼光】

在学习正弦函数 $y=\sin x$ 后,我们知道其图像是一条无限长的正弦曲线,像微风吹起的长江水面上的波浪,江水滔滔不绝地向东流去。"春花秋月何时了?往事知多少。小楼昨夜又东风,故国不堪回首月明中。雕栏玉砌应犹在,只是朱颜改。问君能有几多愁?恰似一江春水向东流。"站在数学角度看,吟咏着李煜的《虞美人》,"恰似一江春水向东流"的意境油然而生,正弦函数 $y=\sin x$ 的图像不就是其生动的表达吗?

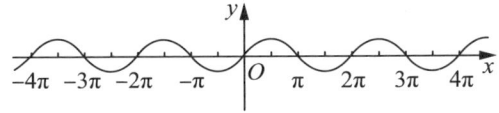

【学思悟行】

1. 朗读李煜的《虞美人·春花秋月何时了》,并理解其文学含义。

2. 上网搜索李煜《虞美人·春花秋月何时了》的写作背景。

诗情·画意·数学眼光
换一种视角欣赏诗

3. 仔细体会李煜《虞美人·春花秋月何时了》的数学意境。

4. 欣赏邓丽君、孟庭苇等不同歌手演唱的《虞美人·春花秋月何时了》。

5. 赏数学名题,品诗词意蕴:

如图①,在 Rt△ABC 中,以下是小亮探究 $\dfrac{a}{\sin A}$ 与 $\dfrac{b}{\sin B}$ 之间关系的方法:

∵ $\sin A = \dfrac{a}{c}$, $\sin B = \dfrac{b}{c}$, ∴ $c = \dfrac{a}{\sin A}$, $c = \dfrac{b}{\sin B}$,

∴ $\dfrac{a}{\sin A} = \dfrac{b}{\sin B}$。

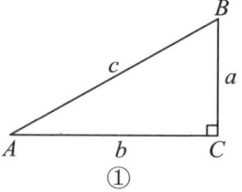
①

根据你掌握的三角函数知识,在图②的锐角△ABC中,探究$\dfrac{a}{\sin A}$、$\dfrac{b}{\sin B}$、$\dfrac{c}{\sin C}$之间的关系,并写出探究过程。

分析:三式相等,理由为:过点A作AD⊥BC,过点B作BE⊥AC,分别交BC,AC于点D,E。在Rt△ABD中,利用锐角三角函数的定义表示出AD,在Rt△ADC中,利用锐角三角函数定义表示出AD,两者相等即可得证。

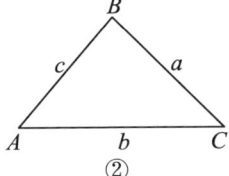

解:$\dfrac{a}{\sin A}=\dfrac{b}{\sin B}=\dfrac{c}{\sin C}$,理由:过点A作AD⊥BC,过点B作BE⊥AC,分别交BC,AC于点D,E。在Rt△ABD中,$\sin B=\dfrac{AD}{c}$,即$AD=c\sin B$,在Rt△ADC中,$\sin C=\dfrac{AD}{b}$,即$AD=b\sin C$,∴$c\sin B=b\sin C$,即$\dfrac{b}{\sin B}=\dfrac{c}{\sin C}$,同理可得$\dfrac{a}{\sin A}=\dfrac{c}{\sin C}$,则$\dfrac{a}{\sin A}=\dfrac{b}{\sin B}=\dfrac{c}{\sin C}$。

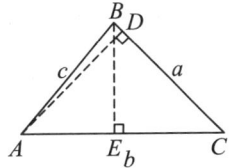

诗情・画意・数学眼光
换一种视角欣赏诗

十三　今日不为真可惜
——$(1+\alpha)^{365}$ 的意境

今日复今日,今日何其少!

今日又不为,此事何时了?

人生百年几今日,今日不为真可惜!

若言姑待明朝至,明朝又有明朝事。

为君聊赋今日诗,努力请从今日始。

——[明]文嘉《今日歌》

【文学视角】

　　《今日歌》由明代著名才子文徵明的儿子文嘉所作。诗人以流畅通俗的语言、明白如话的语句劝勉人们要珍惜时间,莫荒废光阴,莫虚度年华。就像学生做功课一样,当天的功课必须当天弄懂、消化,如不去完成,日积月累,就会越积越多,小问题变成了大问题,最终是积重难返,学业荒废,只能留下"徒伤悲"的长叹。何况人生苦短,生活又不能重演,欲有所作为者必须振奋精神,立足当前,脚踏实地才能干出一番事业来。诗文的意思:总是说今天又今天,今天又能有多少呢!今天没做完的事情,那么这件事情什么时候才能完成呢?人这一生能有多少个今天,今天不做事情,真是可惜啊!如果说姑且等到了明天再去做,但是明天还有明天的事情需要完成啊!现在我为各位写这首今日诗,请大家从今天就开始努力吧!

第三章　建模解题的意境

【数学眼光】

"今日复今日,今日何其少!今日又不为,此事何时了?人生百年几今日,今日不为真可惜!"诗人文嘉在《今日歌》中言"今日不为真可惜",真可惜什么呢?一是可能为每天浪费时间可惜,二是可能为每天学习、工作效率低下可惜。用数学眼光看,假如我们每天的学习效率(或努力程度)增加(或降低)1%(或2%),日积月累,以一年为限,由算式$(1+\alpha)^{365}$计算得到(1) $\begin{cases} 1.01^{365} \approx 37.8, \\ 0.99^{365} \approx 0.026 \end{cases}$ 及(2) $\begin{cases} 1.02^{365} \approx 1\,377.4, \\ 0.98^{365} \approx 0.000\,6. \end{cases}$ 数学告诉我们,只要你每天坚持比别人多一点点努力,你的人生将会有大不同。如果公式组(1)告诉我们,积勤致千里,积怠以致深渊,那么公式组(2)告诉我们,比你努力一点的人,其实已经把你甩开很远了。这就是"今日不为真可惜"的数学意境。

【学思悟行】

1. 朗读文嘉的《今日歌》,并理解其文学含义。

2. 上网搜索文嘉《今日歌》的写作背景。

3. 仔细体会文嘉《今日歌》的数学意境。

4. 分别朗诵明钱福《明日歌》与明文嘉《昨日歌》,并翻译诗词的内容:

(1)《明日歌》

　　　　明日复明日,明日何其多?

　　　　我生待明日,万事成蹉跎。

　　　　世人苦被明日累,春去秋来老将至。

诗情·画意·数学眼光
换一种视角欣赏诗

朝看水东流,暮看日西坠。

百年明日能几何?请君听我明日歌。

(2)《昨日歌》

昨日兮昨日,昨日何其少!

昨日过去了,今日徒烦恼。

世人但知悔昨日,不觉今日又过了。

水去日日流,花落日日少,

成事立业在今日,莫待明朝悔今朝。

5.《今日歌》《明日歌》《昨日歌》这三首诗从不同的角度立意,说出了一个相同的主题:把握今日。下面选取其中的一些句子,用数学的眼光去诠释,显得非常有新意:

(1)"成事立业在今日,莫待明朝悔今朝",就是说要珍惜时间,要把握每一刻,不要等到以后再来后悔现在没有努力。毕竟多一份努力,多一份收获。"成事立业在今日,莫待明朝悔今朝"可以用数学公式 $\begin{cases}(1+0.01)^{365} \approx 37.8 \\ (1-0.01)^{365} \approx 0.026\end{cases}$ 来诠释:1.01和0.99,到底相差多少?表面看起来只是相差了0.02,实在是微乎其微,不足道哉。每天只需要多出一点点的努力,365天之后将积累成巨大的力量。相反,每天稍微偷下懒,365天后将会失去很多!因此,积跬步以至千里,积怠惰以致深渊。

(2)"朝看水东流,暮看日西坠",意思是早晨看河水向东流逝,傍晚看太阳向西坠落。"朝看水东流,暮看日西坠"可以用数学式子$(1+0.01)^3 \times (1-0.01)^2 < 1.01, (1+0.01)^3 \times (1-0.01)^4 < 1$来诠释:在数学学习上,如果三天打鱼,两天晒网,或者朝三暮四,只能是让时间白白浪费,万事成蹉跎。

(3)"人生百年几今日,今日不为真可惜",意思是人这一生能有几个今日,今日不做事,真是可惜啊。"人生百年几今日,今日不为真可惜!"1是一天,1.01 是一天多做了一点,0.99 是一天少做了一点。一年 365 天,1 的 365 次方等于 1,1.01 的 365 次方,即 37.8 远大于 1,0.99 的 365 次方,即 0.03 小于 1。也就是说,只多了一点怠惰,亏空了千份成就。

"三日歌"告诉我们:①不可今日悔昨日;②不要今日待明日;③成事立业在今日。下面请朗诵朱自清的《匆匆》中的一段话,结合《今日歌》《明日歌》《昨日歌》的学习,用数学眼光写一篇感悟。

"早晨我起来的时候,小屋里射进两三方斜斜的太阳。太阳他有脚啊,轻轻悄悄地挪移了;我也茫茫然跟着旋转。于是——洗手的时候,日子从水盆里过去;吃饭的时候,日子从饭碗里过去;默默时,便从凝然的双眼前过去。我觉察他去的匆匆了,伸出手遮拦时,他又从遮拦的手边过去,天黑时,我躺在床上,他便伶伶俐俐地从我身上跨过,从我脚边飞去了。等我睁开眼和太阳再见,这又算溜走了一日。"

6. 赏数学名题,品诗词意蕴:

育才中学七年级学生开展读书竞赛活动。小乐读一本故事书,第一天读了全书的 $\frac{1}{5}$ 多 16 页,第二天读了余下的 $\frac{1}{4}$ 少 2 页,这时还剩下 110 页未读,这本书一共有多少页?如果按照前两天读书的平均速度,小乐第几天就能读完这本书?

分析:可通过列方程求解。

解:设这本书共有 x 页,根据题意,得

$$\left(\frac{1}{5}x+16\right)+\frac{1}{4}\left[x-\left(\frac{1}{5}x+16\right)\right]-2=x-110,$$

解得 $x=200$,所以这本书共有 200 页。因为 $\dfrac{x}{\frac{1}{2}(x-110)}=\dfrac{200}{\frac{1}{2}\cdot 90}=4\dfrac{4}{9}$,所以小乐第 5 天就能读完这本书。

十四 似花还似非花
——定义新运算的意境

> 似花还似非花，
>
> 也无人惜从教坠。
>
> 抛家傍路，
>
> 思量却是，
>
> 无情有思。
>
> ——［宋］苏轼《水龙吟·次韵章质夫杨花词》（节选）

【文学视角】

　　这是一首唱和之作，词人明绘杨花，暗抒离别之愁绪。词的上半部分描写了杨花飘落的情景。开篇音韵和婉，造句精巧，一方面咏吟杨花，另一方面也抒发情感，词人敏锐地捕捉到杨花"似花非花"的独特之处：它名为杨花，和其他的花一样都有花开花落，这是它的"似花"之处；但同时它不仅生得纤小，而且色泽浅显，又无香味，挂在枝条上毫不起眼，又让人觉得它"非花"。"抛家"三句，以空灵之笔描写杨花飘零的情形。在这里词人赋予杨花灵性，实则是借花抒情。

　　词的意思：似花又不似花，也无人怜惜，任凭它凋落坠地。把它抛离在家乡的路旁,细细思量仿佛觉得无情,实际上却自有它的愁思。受伤的柔肠婉曲,困倦的娇眼迷离,想要开放却又闭上了。

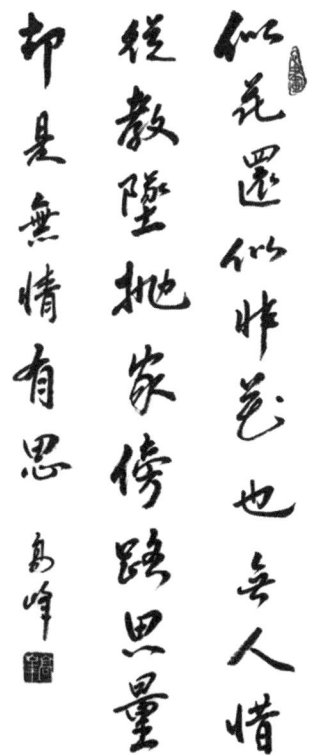

【数学眼光】

数学中有一种方法叫作定义新运算。定义新运算是指用一个符号和已知运算表达式表示一种新的运算。定义新运算是一种特别设计的计算形式,它使用一些特殊的运算符号,这与四则运算中的加、减、乘、除符号是不一样的。新定义的算式中有括号的,要先算括号里的。但它在没有转化前,是不适合于各种运算的。比如,现规定两种运算"※"和"☆",对于任意两个整数 a、b,$a※b=a+b-1$,$a☆b=ab-1$,求 $1※2☆3$ 值。

解:$1※2☆3=(1+2-1)☆3=2☆3=2×3-1=5$。

诗情·画意·数学眼光
换一种视角欣赏诗

此题有苏轼词《水龙吟·次韵章质夫杨花词》中的几句为证:"似花还似非花,也无人惜从教坠。抛家傍路,思量却是,无情有思。"

定义新运算通常是通过我们熟悉的运算来规定的。但这类问题学生往往因为初步接触而如坠云雾,真有点"似花还似非花"之感。

【学思悟行】

1. 朗诵苏轼的《水龙吟·次韵章质夫杨花词》,并理解其内容的文学含义。
2. 上网搜索苏轼《水龙吟·次韵章质夫杨花词》的写作背景。
3. 仔细体会"似花还似非花"的数学意境。
4. 赏数学名题,品诗词意蕴:

题① 对于实数 a,b,定义运算"※"如下:$a※b=a^2-ab$。例如,$5※3=5^2-5×3=10$。若 $(x+1)※(x-2)=6$,则 x 的值为_____。

分析:根据题意列出方程,解方程即可。

解:由题意,得 $(x+1)^2-(x+1)(x-2)=6$,整理得 $3x+3=6$,解得 $x=1$,故答案为 1。

题② 任意大于 0 的实数 x,y,满足 $\log_2(xy)=\log_2 x+\log_2 y$,若 $\log_2 2=1$,则 $\log_2 16=$_____。

分析:利用 $\log_2(xy)=\log_2 x+\log_2 y$ 得到 $\log_2 16=\log_2 2+\log_2 2+\log_2 2+\log_2 2$,然后根据 $\log_2 2=1$ 进行计算。

解:$\log_2 16=\log_2(2·2·2·2)=\log_2 2+\log_2 2+\log_2 2+\log_2 2=1+1+1+1=4$。故答案为 4。

十五　夫妻互忆回文诗
——回文数的意境

枯眼望遥山隔水，往来曾见几心知？

壶空怕酌一杯酒，笔下难成和韵诗。

途路阻人离别久，讯音无雁寄回迟。

孤灯夜守长寥寂，夫忆妻兮父忆儿。

——[宋]李禺《两相思》（顺读为"夫忆妻"）

儿忆父兮妻忆夫，寂寥长守夜灯孤。

迟回寄雁无音讯，久别离人阻路途。

诗韵和成难下笔，酒杯一酌怕空壶。

知心几见曾来往，水隔山遥望眼枯。

（倒读为"妻忆夫"）

【文学视角】

诗人李禺的《两相思》是一首回文诗。它别致的地方在于顺读是一首"夫忆妻"的情诗，倒读则是一首"妻忆夫"的思念诗，把夫忆妻和妻忆夫的深厚情感表达得淋漓尽致。前者抒发丈夫对妻儿的痴情眷念，后者则表达了年轻女子对远方丈夫的思念。难能可贵的是，一般律诗较难的是中间的两联需要对仗，而这首夫妻互忆回文诗无论顺读还是倒读，中间两联的对仗都非常工整，由此可见作者功力之深。

诗情·画意·数学眼光
换一种视角欣赏诗

【数学眼光】

回文诗是一种可顺着读和倒着读的艺术表现形式,是将诗中文字反复交叉运用,并且利用正、倒或斜读等方式形成多线循环。其趣味在于,无论怎样读都耐人寻味。文学中的回文诗与数学中的回文数,都体现了对称的核心思想,并蕴涵着某种异曲同工之妙。中国文字优美而神奇,如果能在音律辞藻与形式变化上巧妙构思与灵活应用,真有不少让人叹为观止的神奇景象。

在数学领域中,把一个数倒读后仍是原数,这个数就称为回文数。例如,9 119 倒读还是 9 119,20 199 102 倒读还是 20 199 102。数学中回文数的魅力绝不亚于诗、画中的艺术魅力,这种回文的魅力所在其实还是对称美。$12×12=144,21×21=441;13×13=169,31×31=961;102×102=10\ 404,201×201=40\ 401;103×103=10\ 609,301×301=90\ 601;9+5+4=8+7+3,9^2+5^2+4^2=8^2+7^2+3^2$。回文数和回文诗,二者真可谓"孪生姐妹",它们对称和谐,内涵丰富,意境深刻,不同的学科竟然如此一致,的确有着异曲同工之美。

【学思悟行】

1. 朗诵诗人李禺的回文诗《两相思》,并理解其内容的文学含义。

2. 上网搜索李禺的生平介绍及《两相思》的写作背景。

3. 小组交流学习李禺《两相思》的心得。

第三章 建模解题的意境

4. 仔细体会李禺《两相思》的数学意境。

5. 赏数学名题,品诗词意蕴:

回文数是指从左到右读与从右到左读都一样的正整数,如 22,121,3 443,94 249 等。显然两位回文数有 9 个:11,22,33,…,99;三位回文数有 90 个:101,111,121,…,191,202,…,999。因此,(1)四位回文数有_____个;(2)$2n+1(n\in \mathbf{N}^*)$位回文数有_____个。

解析:此题利用"回文数"的概念考查学生的排列组合知识和数学理解能力,较为新颖。2 位"回文数"形如 aa,共有 9 个:11,22,…,99;3 位回文数形如 aba,共有 $C_{10}^1 C_9^1$ 个;$2k$ 位回文数形如 $a_1 a_2 \cdots a_k a_k \cdots a_2 a_1$,共有 $9\times 10^{k-1}$ 个,$2k+1$ 位回文数形如 $a_1 a_2 \cdots a_k b a_k \cdots a_2 a_1$,共有 9×10^k 个。故 4 位回文数有 9×10 个,$2n+1$ 位回文数有 9×10^n 个。

第六节

诵诗文,悟意蕴,用"数学眼光"欣赏诗之数学解题的意境

一 鸟鸣山更幽
——动静转化解题的意境

> 艅艎何泛泛,空水共悠悠。
> 阴霞生远岫,阳景逐回流。
> 蝉噪林逾静,鸟鸣山更幽。
> 此地动归念,长年悲倦游。
>
> ——[南朝梁]王籍《入若耶溪》

【文学视角】

《入若耶溪》是南朝(梁)王籍的一首五言古诗,描写诗人泛舟若耶溪的见闻,并表达诗人长久羁留他乡的思归情感。若耶溪在会稽若耶山下,景色秀丽。诗开头两句"艅艎何泛泛,空水共悠悠",描写诗人泛舟若耶溪游玩的情景。三、四句"阴霞生远岫,阳景逐回流",描写眺望远山时所见到的景色。五、六句"蝉噪林逾静,鸟鸣山更幽",用以动显静的手法来渲染山林的幽静。最后两句"此地动归念,长年悲倦游",描写诗人面对林泉美景,不禁厌倦宦海,产生归隐之意。全诗文辞清婉,音律谐美,由景启情,情景交融,自然和谐。诗文的意思:我驾着小舟在若耶溪的溪水中任意漂荡,蓝天倒映在碧水中,水中有天,天水相和,荡荡悠悠。远处的山峰北侧升起层层云霞,阳光照耀着蜿蜒曲折的潺潺水流。虽然蝉噪阵阵,震耳欲聋,但是林间却愈显得寂静;虽然鸟鸣声声,千啼百啭,但是山中比往常更觉幽深。若耶溪的景色多么美好,我由此产生了归隐之心,我为多年来厌倦仕途却没有归隐而悲伤。

【数学眼光】

用数学的眼光看,"蝉噪林逾静,鸟鸣山更幽",体现的是数学的转化与化归思想。我们在处理数学问题时,既可以将静止状态看成运动过程的瞬间,静中求动,也可以将运动状态暂时固定,动中求静。用这种动静结合相互转化的观点看问题,既是一种重要的解题策略,也是一种辩证思想。动静转化思想的应用在中学数学中大量存在。

在平面几何中,许多处于静止状态的图形可以用运动变化的观点理解为运动过程中的特殊位置或瞬息形式,使静态具有运动的活力。在解代数题时,将方程问题与不等式问题转化为函数图像去研究,再将曲线看作是动点的轨迹,通过化静为动,就为相对静止的数学问题找到了动态背景,从而化特殊为一般,有助于全面深入地分析问题和解决问题。

【学思悟行】

1. 背诵《入若耶溪》并理解其内容及文学含义。
2. 上网搜索王籍的生平介绍以及《入若耶溪》的写作背景。
3. 赏数学名题,品诗词意蕴:

   某快递公司的甲、乙两辆货车分别从 A,B 两地同时相向而行,并以各自速度匀速行驶,途经中转站 C,甲车先到达 C 地,并在 C 地用 1 小时配货,

诗情·画意·数学眼光
换一种视角欣赏诗

然后按原速度驶往 B 地,乙车从 B 地直达 A 地,下图是两车之间距离 y km 与乙车出发时间 x h 的函数部分图像。

(1) A、B 两地距离 _____ km,甲车出发 _____ h 后到达 C 地;

(2) 求乙车出发 2 h 后直至到达 A 地过程中,y 与 x 的函数解析式及 x 的取值范围,并在图中补全函数图像;

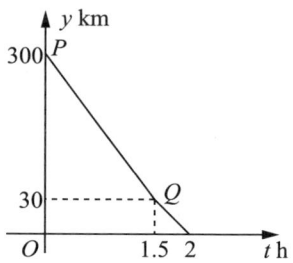

(3) 乙车出发多长时间后,两车相距 150 千米?

答案:(1) 300 1.5 (2) $y = \begin{cases} 60x - 120, & 2 \leqslant x \leqslant 2.5, \\ 180x - 420, & 2.5 < x \leqslant 3.5, \\ 60x, & 3.5 < x \leqslant 5. \end{cases}$ (3) $\dfrac{51}{6}$ h 或 $\dfrac{19}{6}$ h。

赏析:学生在思考时,教师需提醒学生:虽然整个过程中两车在运动,它们之间的距离在不断变化,但变化中总有静止时刻,把几个关键点的情况研究清楚了,对整个运动就有了一个整体把握。就拿图中的点 P 来说,此时,运动开始计时,两车间的距离即为 A、B 两地间的距离 300 km;再看点 Q,此时,甲车到了中转站 C,因为这时图像在此处出现转折点,在此之前,是两车相向运动,在此之后的半小时内,甲不动,乙车向甲车运动。经过分析,学生豁然开朗,很快得出乙车半小时行驶了 30 km,从而得到乙车的速度;再由甲、乙两车相向走了 1.5 h,共行了 270 km,得到两车速度之和,从而求出甲车的行车速度为 120 km/h。对于后面的问题,学生通过一些特殊静止点,整个运动的轨迹就清晰明了了。

在解决本问题时,运用动静辩证观分析题意,把对整个过程的研究与甲、乙两车的几个重要的静止位置结合起来,于静中分析转折点,由此探究此点前后两车体的运动走向,将图形加以补充,从而提高学生的辩证思维与表达能力。

二 别时容易见时难
——相乘容易分解难的意境

帘外雨潺潺,春意阑珊。

罗衾不耐五更寒。

梦里不知身是客,一晌贪欢。

独自莫凭栏,无限江山。

别时容易见时难。

流水落花春去也,天上人间。

——[南唐]李煜《浪淘沙令·帘外雨潺潺》

【文学视角】

这首词作于李煜被囚汴京期间,词人饱含亡国之痛和囚徒之悲,心中充满难以排遣的失落、悲苦以及对故国的深切眷念。词人由心而生,写下的一支婉转凄苦的哀歌。下片首句"独自莫凭栏",描写因为"凭栏"而不见"无限江山",又将引起"无限伤感"。"别时容易见时难",描写分别容易见时难的情景,形成强烈对比:"分别"不仅仅指亲友之间,更是与故国"无限江山"分别;"见时难",即指亡国后不可能见到故土的悲哀之感,这也是他不敢凭栏的原因。"流水落花春去也,天上人间"两句,叹息春归何处。"天上人间",是说相隔遥远,不知其处。这是指春,也兼指人。这首词的意思:门帘外传来潺潺的雨声,春天即将逝去。罗织的锦被禁不住五更时的冷寒。只有在迷梦中忘了自己是羁旅之人,才能享受片刻的欢欣。因为一想到过去曾拥有的无限江山,心中就会泛起阵阵伤感,所以独自一人时,不要在高楼上靠

诗情·画意·数学眼光
换一种视角欣赏诗

凭着栏杆遥望远方。与它离别是容易的,想要再见到它却很艰难。就像流逝的江水、凋落的红花一样跟春天一起一去不复返了,现在和过去对比,一个是天上,一个是人间。

【数学眼光】

初中学习的"因式分解",相比整式乘法要复杂得多,难度也相应增加。如果我们把两个因式的相乘和分解,用两个人的相见和分别作"拟人化",那么,李商隐有诗句"相见时难别亦难",李煜有词"无限江山,别时容易见时难",其意境就显而易见了。这样一来,我们不妨说"相乘容易分解难"。事实上,两个因式相乘有乘法法则可循,比较容易。但是将一个多项式分解成两个因式,却并非一定有章可循,往往要动些脑筋、使用技巧才能解出,比较困难。所以,在因式分解课上说说唐诗宋词,"无限江山,别时容易见时难"的数学意境便会跃然纸上。

第三章　建模解题的意境

【学思悟行】

1. 朗诵《浪淘沙令·帘外雨潺潺》,并理解其文学含义。

2. 上网搜索李煜的生平介绍以及《浪淘沙令·帘外雨潺潺》的写作背景。

3. 仔细体会"无限江山,别时容易见时难"的数学意境。

4. 猜谜:别时容易见时难。(打一个数学名词)

5. 选择《浪淘沙令·帘外雨潺潺》中的某一句,创作一幅书法作品。

6. 赏数学名题,品诗词意蕴:

若 $a+b=2$,$ab=-3$,则代数式 $a^3b+2a^2b^2+ab^3$ 的值为 _____。

分析:根据 $a^3b+2a^2b^2+ab^3=ab(a^2+2ab+b^2)=ab(a+b)^2$,结合已知数据即可求出代数式的值。

解:$\because a+b=2$,$ab=-3$,$\therefore a^3b+2a^2b^2+ab^3=ab(a^2+2ab+b^2)=ab(a+b)^2=-3\times 4=-12$。故答案为 -12。

三 山外青山楼外楼

——无穷数列 $\sqrt{2}, \sqrt{2\sqrt{2}}, \sqrt{2\sqrt{2\sqrt{2}}}, \sqrt{2\sqrt{2\sqrt{2\sqrt{2}}}} \cdots$ 的意境

>山外青山楼外楼,
>
>西湖歌舞几时休?
>
>暖风熏得游人醉,
>
>直把杭州作汴州。
>
>——[宋]林升《题临安邸》

【文学视角】

这首诗构思巧妙,措辞精当:愤慨已极,却不作漫骂之语;冷言冷语的讽刺,偏从热闹的场面写起。确实是讽喻诗中的杰作。此诗针对南宋黑暗的现实而作,倾诉了郁结在广大民众心头的义愤,同时也表达了诗人为国家民族前途的命运而担忧的思想感情。诗文的意思:层层叠叠的青山,鳞萃比栉的楼台,西湖边的轻歌妙舞,到底何时才能停止?和暖的清风把人们吹得如痴如醉,那些南宋的统治者们沉醉在这糜烂之风中,忘了家仇国恨,简直把暂且偷安的杭州当作了故都汴京。

【数学眼光】

林升《题临安邸》的诗句"山外青山楼外楼",不禁让我们想到无穷数列,由于其无限性,往往比较抽象,神奇难料。但其精神与文学中的诗词、名言、警句的思想是相通的。比如,求数列 $\sqrt{2}, \sqrt{2\sqrt{2}}, \sqrt{2\sqrt{2\sqrt{2}}}, \sqrt{2\sqrt{2\sqrt{2\sqrt{2}}}}, \cdots$ 的极限。由高等数学的知识,此数列的极限一定存在,设其极限为 A。记这

个数列的通项为 x_n，由观察可知 $x_{n+1}=\sqrt{2x_n}$，两边令 n 趋于正无穷，得 $A=\sqrt{2A}$，解得 $A=2$ 或 $A=0$（舍去）。x_{n+1} 中含有 x_n，有的学生总找不到这种关系，好比"身在福中不知福"，兼有"山外青山楼外楼"的意境吧。

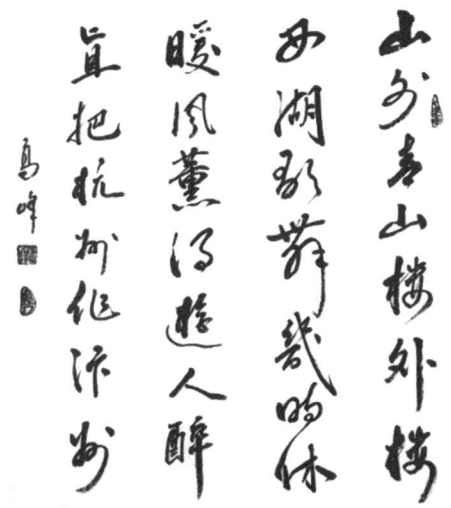

【学思悟行】

1. 朗诵林升的《题临安邸》，并理解其文学含义。

2. 上网搜索林升的生平介绍以及《题临安邸》的写作背景。

3. 小组交流学习林升《题临安邸》的心得。

4. 仔细体会"山外青山楼外楼"的数学意境。

5. 猜谜：山外青山楼外楼。（打一个数学名词）

6. 赏数学名题，品诗词意蕴：

计算 $\dfrac{1}{1+\dfrac{1}{1+\dfrac{1}{\cdots}}}$ 的值。

诗情·画意·数学眼光
换一种视角欣赏诗

解析：这道有关无限嵌套的算式体现了"自相似"的神思，颇有"不识庐山真面目，只缘身在此山中"的意境。通过构建方程 $\dfrac{1}{1+x}=x$，把无限转化为有限，其根为黄金比 $\dfrac{\sqrt{5}-1}{2}\approx 0.618$，神奇无比，寻味无穷。

下面试求繁分数 $\dfrac{2}{2+\dfrac{2}{2+\dfrac{2}{\cdots}}}$ 的值。

四 独钓寒江雪
——配方法解题的意境

千山鸟飞绝，

万径人踪灭。

孤舟蓑笠翁，

独钓寒江雪。

——［唐］柳宗元《江雪》

【文学视角】

柳宗元被贬永州后的作品《江雪》历来为人们所称颂。这是一首托物言志的小诗。作者用极其凝练的文笔，描绘出一幅一位渔翁在白雪茫茫、一望无际的寒江上独钓的图画，形象生动的表现了当时他所处的政治环境的险恶，表达了他毫不畏惧、不向黑暗势力低头的坚强意志和决不同流合污的高贵品质。诗文的意思：四周的山连绵起伏却空空如也，连飞鸟的鸣叫和踪影都已经绝迹，所有的道路都不见人的行踪。只有那孤舟上，一位披戴着蓑笠的老渔翁，不怕雨雪的侵袭，独自在寒冷的江面上垂钓。

【数学眼光】

方程组中，通常有几个未知数，就应该有几个方程，这样的方程组才解得出来。但是，在解方程（组）的题目中，可能遇到方程的个数少于未知数的个数的题。比如，解方程 $5x^2-6xy+2y^2-4x+2y+1=0$，该方程含有两个未知数，无从下手。其实，仔细观察，此题属于数学中的非负数问题。因为方程左边的多项式可以作如下变形：

诗情·画意·数学眼光
换一种视角欣赏诗

$5x^2-6xy+2y^2-4x+2y+1=(x^2-2xy+y^2)+(4x^2-4xy+y^2)-2(2x-y)+1=(x-y)^2+(2x-y)^2-2(2x-y)+1=(x-y)^2+(2x-y-1)^2$,原方程即为$(x-y)^2+(2x-y-1)^2=0$,所以$x-y=0$且$2x-y-1=0$。故原方程的解是$\begin{cases}x=1,\\y=1。\end{cases}$

以上对此题的解法探讨,不禁让人联想到唐代诗人柳宗元的《江雪》:"千山鸟飞绝,万径人踪灭。孤舟蓑笠翁,独钓寒江雪。"此题属于数学中的非负数问题。乍一看,一个方程含有两个未知数,无从下手,真是"千山鸟飞绝,万径人踪灭",但利用配方法,结合非负数的知识,还是能求解的。"独钓寒江雪",还是有鱼可钓的呀。

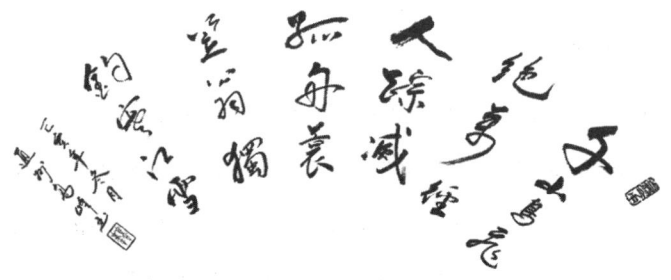

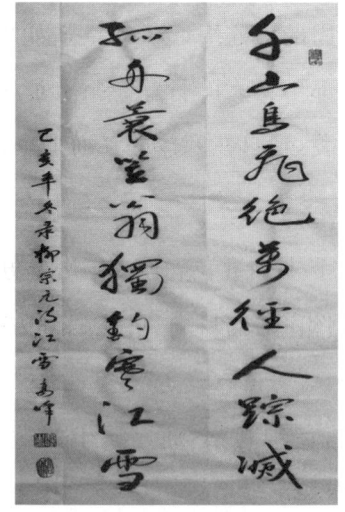

【学思悟行】

1. 朗诵《江雪》,深刻理解其文学含义。

2. 上网搜索柳宗元《江雪》的写作背景。

3. 小组进一步交流学习《江雪》的心得。

4. 赏数学名题,品诗词意蕴:

若 a,b,c 是 $\triangle ABC$ 的三边,且 $a^2+b^2+c^2+50=6a+8b+10c$,判断这个三角形的形状。

解:由已知条件,原式可变形为 $(a-3)^2+(b-4)^2+(c-5)^2=0$。 $\because (a-3)^2 \geqslant 0, (b-4)^2 \geqslant 0, (c-5)^2 \geqslant 0, \therefore a-3=0, b-4=0, c-5=0$,得 $a=3, b=4, c=5$,满足 $a^2+b^2=c^2$。$\therefore \triangle ABC$ 为直角三角形。

诗情・画意・数学眼光
换一种视角欣赏诗

五 山顶千门次第开
——裂项法解题的意境

> 长安回望绣成堆，
> 山顶千门次第开。
> 一骑红尘妃子笑，
> 无人知是荔枝来。
>
> ——［唐］杜牧《过华清宫》

【文学视角】

诗人杜牧路经华清宫时，有感于唐玄宗和杨贵妃的荒淫误国而作了这首咏史诗。华清宫曾是唐玄宗和杨贵妃游乐的场所，据《新唐书·杨贵妃传》记载："妃嗜荔枝，必欲生致之，乃置骑传送，走数千里，味未变，已至京师。"为了满足杨贵妃的骄奢淫逸，许多官差和驿马因此累死、倒毙于四川至长安的路上。《过华清宫》绝句描绘了这一历史事实，抨击了封建统治者的昏庸无道和荒淫误国，借史讽今，警戒世人。"长安回望绣成堆"，叙写诗人在长安回首南望华清宫时所见的景色，"山顶千门次第开"以下三句，承上而来，是回顾历史。骊山"山顶千门"洞开，写出唐玄宗和杨贵妃当年生活的奢华，并给读者设下疑窦："山顶千门"为何要"次第"大开？末两句"一骑红尘妃子笑，无人知是荔枝来"是答案。原来都是杨贵妃的原因，而其他人都以为这是在传送紧急公文，谁能想到马上所载的是来自涪洲的新鲜荔枝呢？
诗文的意思：在长安回望，骊山之景美不胜收，宛如一团团锦绣，山顶上的华清宫门一道接着一道顺次打开。一名专使骑着驿马风驰电掣般疾奔而来，身后烟尘滚滚,引得妃子嫣然而笑,没有人知道这是南方送来了鲜果荔枝。

【数学眼光】

在数学的某些求和运算中有一种方法叫作裂项法,这是分解与组合思想在数列求和中的具体应用,是将数列中的通项分解,然后重新组合,使之能消去一些项,最终达到求和的目的。比如,若$(a-1)^2+(ab-2)^2=0$,求

$$\frac{1}{ab}+\frac{1}{(a+1)(b+1)}+\frac{1}{(a+2)(b+2)}+\cdots+\frac{1}{(a+2\ 019)(b+2\ 019)}$$的值。

解:$\because (a-1)^2+(ab-2)^2=0,\therefore a-1=0$ 且 $ab-2=0,\therefore a=1,b=2$。

$\therefore$ 原式 $=\dfrac{1}{1\times 2}+\dfrac{1}{2\times 3}+\dfrac{1}{3\times 4}+\cdots+\dfrac{1}{2\ 019\times 2\ 020}$

$=\dfrac{1}{1}-\dfrac{1}{2}+\dfrac{1}{2}-\dfrac{1}{3}+\dfrac{1}{3}-\dfrac{1}{4}\cdots+\dfrac{1}{2\ 019}-\dfrac{1}{2\ 020}=\dfrac{1}{1}-\dfrac{1}{2\ 020}=\dfrac{2\ 019}{2\ 020}$

此题有杜牧的《过华清宫》为证:"长安回望绣成堆,山顶千门次第开。一骑红尘妃子笑,无人知是荔枝来。"此题解法名曰"裂项法",用常规方法无从下手,用"长安回望绣成堆,山顶千门次第开"两句,也可以算是一种解析吧。由此可见,把数学内容与古诗词内容这两者看似风马牛不相及的两件事一类比,你会发现其中的滋味妙不可言。

诗情·画意·数学眼光
换一种视角欣赏诗

【学思悟行】

1. 背诵《过华清宫》,并深刻理解其文学含义。

2. 上网搜索杜牧《过华清宫》的写作背景。

3. 小组进一步交流学习《过华清宫》的心得。

4. 仔细体会《过华清宫》的多种数学意境。

5. 创作一幅以《过华清宫》为内容的书法作品。

6. 赏数学名题,品诗词意蕴:

按一定顺序排列的一列数叫作数列,如数列:$\frac{1}{2}, \frac{1}{6}, \frac{1}{12}, \frac{1}{20}, \cdots$,则这个数列前 2 018 项的和为_____。

分析:根据数列得出第 n 个数为 $\frac{1}{n(n+1)}$,据此可得前 2 018 个数的和为 $\frac{1}{1\times2}+\frac{1}{2\times3}+\frac{1}{3\times4}+\cdots+\frac{1}{2\,018\times2\,019}$,再用裂项法计算可得。

解:由数列知第 n 个数为 $\frac{1}{n(n+1)}$,则前 2 018 个数的和为 $\frac{1}{2}+\frac{1}{6}+\frac{1}{12}+\cdots+\frac{1}{2\,018\times2\,019}=\frac{1}{1\times2}+\frac{1}{2\times3}+\frac{1}{3\times4}+\cdots+\frac{1}{2\,018\times2\,019}=1-\frac{1}{2}+\frac{1}{2}-\frac{1}{3}+\frac{1}{3}-\frac{1}{4}+\cdots+\frac{1}{2\,018}-\frac{1}{2\,019}=1-\frac{1}{2\,019}=\frac{2\,018}{2\,019}$,故答案为 $\frac{2\,018}{2\,019}$。

六 假作真时真亦假,无为有处有还无
——构造法解题的意境

假作真时真亦假,

无为有处有还无。

——[清]曹雪芹《红楼梦》

【文学视角】

这句话是出自曹雪芹《红楼梦》中的一副对联。这句话充满哲理,有禅意,又有辩证法的思想。有很多时候真真假假的事物我们是无法分清的,当你把真的当作假的,假的也会被当作是真的。同样的,不存在的东西把它当成存在的东西,真的存在的东西却被当成不存在的。这是对当时社会的一种讽刺。

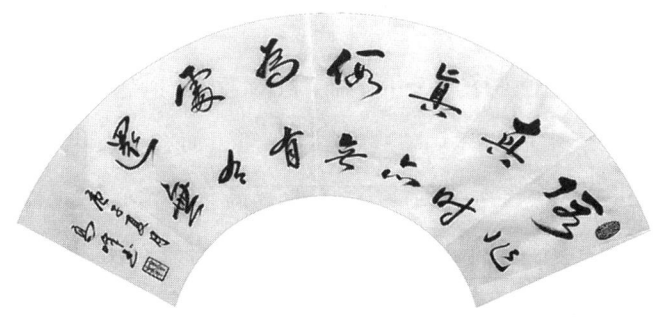

【数学眼光】

数学的解题思想方法中,有一种方法称为构造法。构造法就是通过直接或间接构造出具有命题所要求的性质的实例来完成证明。从数学产生那天起,数学中的构造法也就随之产生了。但是构造法这个术语的提出,以至

把这个方法推向极端,并致力于这个方法的研究,是与数学基础的直觉派有关。直觉派出于对数学的"可信性"的考虑,提出一个著名的口号:"存在必须是被构造。"这就是构造主义。比如接下来的这一题:若 a、b、c 都是正数,解方程 $\dfrac{x-a}{b+c}+\dfrac{x-b}{c+a}+\dfrac{x-c}{a+b}=\dfrac{3x}{a+b+c}$。

解:原方程即 $\left(\dfrac{x-a}{b+c}-1\right)+\left(\dfrac{x-b}{c+a}-1\right)+\left(\dfrac{x-c}{a+b}-1\right)=\dfrac{3x}{a+b+c}-3$,

即 $\dfrac{x-a-b-c}{b+c}+\dfrac{x-a-b-c}{c+a}+\dfrac{x-a-b-c}{a+b}=\dfrac{3(x-a-b-c)}{a+b+c}$,

移项得 $\dfrac{x-a-b-c}{b+c}+\dfrac{x-a-b-c}{c+a}+\dfrac{x-a-b-c}{a+b}-\dfrac{3(x-a-b-c)}{a+b+c}=0$,

则有 $(x-a-b-c)\left(\dfrac{1}{b+c}+\dfrac{1}{c+a}+\dfrac{1}{a+b}-\dfrac{3}{a+b+c}\right)=0$。

∵ a,b,c 是正数,∴ $\dfrac{1}{a+b}>\dfrac{1}{a+b+c}$,$\dfrac{1}{b+c}>\dfrac{1}{a+b+c}$,$\dfrac{1}{c+a}>\dfrac{1}{a+b+c}$,

∴ $\dfrac{1}{b+c}+\dfrac{1}{c+a}+\dfrac{1}{a+b}>\dfrac{3}{a+b+c}$,∴ $\dfrac{1}{b+c}+\dfrac{1}{c+a}+\dfrac{1}{a+b}-\dfrac{3}{a+b+c}>0$,

∴ $x-a-b-c=0$,∴ $x=a+b+c$。

上述构造是一道典型的"无中生有"法解题,这道题目的解法的巧妙之处在于"生"出了三个"1"和一个"3",问题就迎刃而解了。因此,我们在解题时要注意观察,培养洞察事物的能力,才能提高解题水平。此种构造正应了《红楼梦》中的两句名联:"假作真时真亦假,无为有处有还无。"

【学思悟行】

1. 了解曹雪芹"假作真时真亦假,无为有处有还无"的写作背景,并深刻理解其文学含义。

2. 阅读名著《红楼梦》。

3. 小组进一步交流学习"假作真时真亦假,无为有处有还无"的心得。

4. 仔细体会"假作真时真亦假,无为有处有还无"的多种数学意境。

5. 赏数学名题,品诗词意蕴:

应用构造法求函数 $y=\sqrt{x^2+1}+\sqrt{(4-x)^2+4}$ 的最小值。

分析:第一个根式 $\sqrt{x^2+1}$ 表示点 $A(0,1)$ 到点 $C(x,0)$ 的距离。

第二个根式 $\sqrt{(4-x)^2+4}$ 表示点 $B(4,-2)$ 到点 $C(x,0)$ 的距离。于是,$y=AC+BC$,所以当 A,B,C 三点共线时,y 最小,最小值为 5。

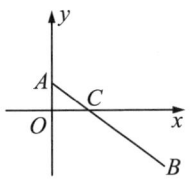

七　心有灵犀一点通
——运用三角形"五心"解题的意境

　　昨夜星辰昨夜风，画楼西畔桂堂东。
　　身无彩凤双飞翼，心有灵犀一点通。
　　隔座送钩春酒暖，分曹射覆蜡灯红。
　　嗟余听鼓应官去，走马兰台类转蓬。

——[唐]李商隐《无题·昨夜星辰昨夜风》

【文学视角】

　　这是一首表现爱情的诗。首联"昨夜星辰昨夜风，画楼西畔桂堂东"描写出昨夜的欢聚场景，颔联"身无彩凤双飞翼，心有灵犀一点通"描写今日的怀想之切、相思之苦。颈联"隔座送钩春酒暖，分曹射覆蜡灯红"描写宴会上的热闹，相遇的情意绵绵。尾联"嗟余听鼓应官去，走马兰台类转蓬"描写别后离恨，人在江湖身不由己的无奈。

　　诗文的意思：你还记得星辰满天，凉风吹动的昨夜吗？你我相会于画楼的西畔、桂堂的东侧。你我虽不似彩凤拥有翩然飞舞的双翅，但你我的心却如灵犀一般息息相通。你我隔座而坐，一起玩藏钩的游戏，罚喝暖融融的春酒；你我分属两队，在红烛光下，猜谜射覆，决一胜负。可叹呵，那晨鼓响起,我不得不去官府中点卯应差;骑马到兰台,行色匆匆,就像飘荡不定的蓬草。

【数学眼光】

中学数学中有很多这样的点,让心灵顿时通透。三角形的三条中线、三条高线、三条角平分线和三条垂直平分线都能分别交于一点,非常奇妙;更为奇妙的是等边三角形的重心、外心、垂心、内心四心合一。这些是上天的精心安排,还是图形世界的美妙神奇?李商隐《无题·昨夜星辰昨夜风》中的"心有灵犀一点通"形容得很贴切,在数学解题中经常需要"心有灵犀一点通"。这句话揭示了学生在解题中的一种悟性,又是一种规律性的存在。

比如,三角形内心之"心有灵犀一点通",可以得到勾股定理全新证明。在 Rt$\triangle ABC$ 中,$\angle C = 90°$,AB、BC、CA 的长分别为 c、a、b,求 $\triangle ABC$ 的内切圆的半径 r。此题一般有两种解法。

解法1:面积法。根据三角形的面积公式,得 $S_{\triangle ABC} = S_{\triangle OAC} + S_{\triangle OBC} +$

$S_{\triangle OAB}$,得 $\frac{1}{2}ab = \frac{1}{2}(br + ar + cr)$,所以 $r = \frac{ab}{a+b+c}$。

解法2:方程思想。如图,易证四边形 $CDOF$ 是正方形,则 $CD = CF = r$,$AE = AD = b - r$,$BE = BF = a - r$。所以 $b - r + a - r = c$,即 $r = \frac{a+b-c}{2}$。

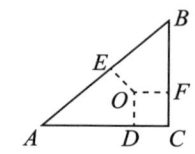

两种解法求出两个答案,说明了什么问题呢?显然,这两个答案是相通的,即 $\frac{ab}{a+b+c} = \frac{a+b-c}{2}$,化简后得到 $a^2 + b^2 = c^2$,此处令人豁然开朗,我们竟然意外地发现了勾股定理的另一种证法。"心有灵犀一点通",是一种解题过程中的"豁然开朗",是相似题型之间的"心意相通",更是对数学图形的一种直观感受。授人以鱼,不如授人以渔,交给学生具体的解题方法,远不如培养他们在数学学习上的一种直觉,这种直觉其实就是学生与数学之间的一种默契,一种"心有灵犀"。

【学思悟行】

1. 背诵《无题·昨夜星辰昨夜风》,深刻理解其文学含义。

2. 小组进一步交流学习李商隐《无题·昨夜星辰昨夜风》的心得,仔细体会"心有灵犀一点通"的数学意境。

3. 赏数学名题,品诗词意蕴:

探究三角形的"五心"在解题中的应用。三角形的"五心"——内心、旁心、外心、重心和垂心在整个三角形的知识体系中占有极其重要的地位。在实际生活中,"五心"有极其广泛的应用,它是三角形的"魂"。

欣赏一(内心):一个村被三条公路围在其中(如图①),为扩大对外影响,当地村委会决定,利用便捷的交通,要建一个比较现代化的大型文化娱乐中心,使从三

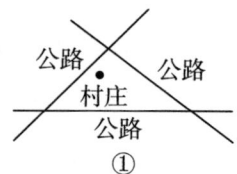

个不同方向来的客人抵达各个车站后到活动中心的距离相等。试确定中心的建造位置及三条公路上各个车站的站址。

欣赏二(旁心)：某集镇是农副产品的集散地(如图②)，可它被三条不同流向的河流 EA、AB、BC 呈半圆形包围，进出货物只能通过水路，为了能方便地从各个方向收购和发送农副产品，准备修建三个码头和一个货物集散中心，使这三个码头到集散中心的距离相等，该怎样解决这个问题呢？这其实就是确定旁心问题。先找到旁心 O，再过点 O 分别作垂线段 OF、OD、OG，这样点 O 处就是货物集散中心，垂足 F、D、G 三地为码头所建之处。

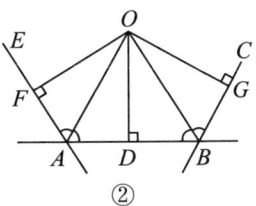
②

欣赏三(外心)：A、B、C 三处是三个自然村(如图③)，村干部决定在三处之间的适当地方建造一个自来水厂，并使通向三处的自来水地下管道的长度相等，问该厂应建在何处？

这其实是确定外心，连接 AB、AC、BC，作任意两边的中垂线相交于点 O，连接 OA、OB、OC，因为点 O 是外心，它到 A、B、C 三点的距离相等，即 OA＝OB＝OC，所以点 O 处就是自来水厂的建造位置，线段 OA、OB、OC 就是地下管道的铺设路线。

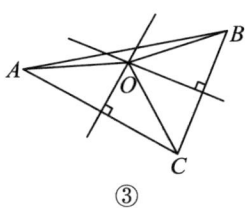
③

欣赏四(重心)：学校操场有一块三角形空地，现要把空地改建成花坛并种上花卉，要求：花坛种六种不同颜色的花卉，要求每种花卉的种植面积相等且形状是有一个公共顶点的、向四周散开的三角形。

分别作边 AB、BC、AC 的中点 F、D、E。连接 CF、AD、BE，交于点 O(如图④)。因为三角形的三条中线把三角形分成六块，通过计算可知道这六个三角

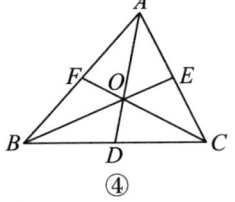
④

形的面积相等,理由如下:∵E、F 是边 AC、AB 的中点,∴$S_{\triangle BCF} = S_{\triangle BCE}$(同底等高),同理,$S_{\triangle BOF} = S_{\triangle COE}$,$S_{\triangle AOF} = S_{\triangle COD}$,$S_{\triangle AOE} = S_{\triangle BOD}$,又∵D 是边 BC 的中点,∴$S_{\triangle BOD} = S_{\triangle COD}$(等底同高),同理,$S_{\triangle AOE} = S_{\triangle COE}$,$S_{\triangle BOF} = S_{\triangle AOF}$,所以六个三角形的面积相等,按这种方案种植花卉符合设计要求。

欣赏五(垂心):垂心——三角形三条边的高线的交点,它的位置与外心类似,也是随三角形形状的改变而改变:如图⑤,锐角三角形的垂心在三角形的内部,它把每条高线分成两条线段后,整个三角形被分成了六个小三角形,这其中就有三对三角形相似;直角三角形的三条高线相交于直角顶点处,所以点 C 既是直角顶点,又是该三角形的垂心,过这一"心"作斜边的高线,则这条高线把三角形分出一个与原三角形相似的小三角形;钝角三角形的垂心在三角形的外部。垂心在研究三角形相似以及相似三角形有关线段的关系时经常要用到。

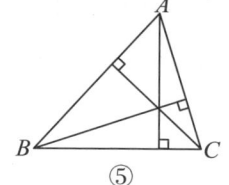
⑤

以上五"心"涵盖了三角形很多极其重要的性质和定理,掌握了这五"心",也就基本把握了三角形知识的整个脉络。

八 鸟宿池边树,僧敲月下门
——缜密解题的意境

> 闲居少邻并,草径入荒园。
>
> 鸟宿池边树,僧敲月下门。
>
> 过桥分野色,移石动云根。
>
> 暂去还来此,幽期不负言。
>
> ——[唐]贾岛《题李凝幽居》

【文学视角】

诗人走访友人李凝未遇后写下了这首小诗。首联"闲居少邻并,草径入荒园",描绘了幽居的周围环境:一条杂草遮掩的羊肠小径通向荒芜不治的小园;近旁亦无人家居住。寥寥两笔,十分概括地体现了一个"幽"字,暗示出李凝的隐士身份。颔联"鸟宿池边树,僧敲月下门",描写在月光皎洁、万籁俱寂的夜晚,诗人一声轻微的敲门声,便惊动了宿鸟,引起一阵不安的躁动,以声衬静,衬托出环境之幽静。颈联"过桥分野色,移石动云根",描写回去路上所见。桥的另一端是色彩斑斓的原野;晚风轻拂,云脚飘动,仿佛山石在移动。"石"是不会"移"的,诗人用反说,使其别具神韵。而这一切,又都被一层洁白如银的月色笼罩着,更显出环境的自然恬淡,幽静迷人。尾联"暂去还来此,幽期不负言",写"我"暂时离开,不久还会再来,不负共同归隐的期约。前三联都在叙事写景,最后一联点明诗人心中向往归隐的幽情,托出诗的主旨。

诗情·画意·数学眼光
换一种视角欣赏诗

诗文的意思：我的好友李凝悠闲地住在这里，很少与邻居有往来，只有一条杂草丛生的小路通向荒芜的园子。夜晚的池塘边，鸟儿正安静地栖息在树上，皎洁的月光下，我敲响了好友的门。归去的时候经过一座小桥，看见了迷人的原野景色，晚风轻拂，云脚飘移，仿佛山石也在移动。我虽然暂时离去，但不久就会归来，按约定的日期和朋友一起隐居于此处。

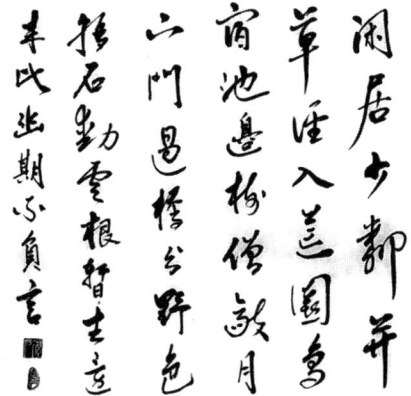

【数学眼光】

古人写诗，十分讲究"炼"字，经过诗人锤炼过的关键词语，通常是最能表达作者情感并体现诗词语言魅力之处。贾岛的诗句"鸟宿池边树，僧敲月下门"中用"敲"字替代"推"字，来描绘环境的静寂，响中寓静，有出其不意之胜。这些妙词佳句的得来，无不凝聚着诗人的智慧与心血，贾岛曾自言"两句三年得，一吟双泪流"。

由古典诗词联想到我们的数学学习，数学是一门严谨的科学，它与古典诗词在形式和内容上有许多相通的地方。古典诗词讲究押韵、平仄、对仗、工整、节奏、含蓄、意境等，数学语言讲究准确、精炼、严谨、概括、抽象、推理、模型等。例如，至多、至少、大于、等于、小于、不大于、恒成立、都有、存在、有

第三章　建模解题的意境

解、或、且、充分条件、必要条件等这些在数学中出现频率较高的字词,往往一两字之差,含义就会完全不同。因此,学生在审题时,要像诗人吟诗作赋那样对字词进行认真推敲,仔细揣摩,用心体悟,不断提升细致审题(缜密思维)的品质。

【学思悟行】

1. 朗诵贾岛的《题李凝幽居》并理解其内容及文学含义。

2. 上网搜索贾岛《题李凝幽居》的写作背景。

3. 在诗句"鸟宿池边树,僧敲月下门"中,为什么作者起初用的"推"字不如后来的"敲"字效果好?

4. 仔细体会贾岛的《题李凝幽居》中"鸟宿池边树,僧敲月下门"的数学意境。

5. 赏数学名题,品诗词意蕴:

已知 $x=2$ 是关于 x 的一元二次方程 $kx^2+(k^2-2)x+2k+4=0$ 的一个根,则 k 的值为 _____ 。

分析:把 $x=2$ 代入 $kx^2+(k^2-2)x+2k+4=0$ 得 $4k+2k^2-4+2k+4=0$,再解关于 k 的方程,然后根据一元二次方程的定义确定 k 的值。

错解:把 $x=2$ 代入 $kx^2+(k^2-2)x+2k+4=0$ 得 $4k+2k^2-4+2k+4=0$。整理得 $k^2+3k=0$,解得 $k_1=0$,$k_2=-3$,故答案为 0 或 -3。

错因:忽视一元二次方程定义中系数的约束条件:二次项的系数不为 0。

正解:把 $x=2$ 代入 $kx^2+(k^2-2)x+2k+4=0$ 得 $4k+2k^2-4+2k+4=0$。整理得 $k^2+3k=0$,解得 $k_1=0$,$k_2=-3$。因为 $k\neq 0$,所以 k 的值为 -3。

九　会当凌绝顶
——入内解题、出外欣赏的意境

> 岱宗夫如何,齐鲁青未了。
> 造化钟神秀,阴阳割昏晓。
> 荡胸生曾云,决眦入归鸟。
> 会当凌绝顶,一览众山小。
> 　　　　　　　——[唐]杜甫《望岳》

> 飞来山上千寻塔,闻说鸡鸣见日升。
> 不畏浮云遮望眼,自缘身在最高层。
> 　　　　　　　——[宋]王安石《登飞来峰》

【文学视角】

第一首诗描写了泰山的声势雄伟,抒发了诗人登上绝顶的豪情壮志,表现了一种积极进取、努力上进的人生态度,极富哲理性。诗篇气势磅礴,笔力遒劲,造语挺拔,青年杜甫卓越的创作才华在此充分展现。诗文的意思:泰山是如此宏伟,苍翠的山色无边无际。大自然在这里凝集了一切天地间的神奇秀丽,山南山北好像被分割成黄昏与白昼。山中缓缓升起的云霞,荡涤着我的心灵,纵目追踪那晚归躲进了山林的鸟儿。我一定要登上泰山巅峰,俯视众山,那时众山就会显得十分渺小。

后一首诗表达了诗人积极进取、自信向上、不畏艰险的人生态度。诗文的意思:"飞来峰上矗立着非常高的宝塔,我听说每天鸡鸣时分站在这极高的塔上可以看见旭日初升。不怕会有层层浮云遮住我远望的视线,只因为那时我已经站在山的最高峰。"

第三章 建模解题的意境

【数学眼光】

"不畏浮云遮望眼,自缘身在最高层。"用数学的眼光看,就是在数学解题中,只有掌握了正确的数学思想和解题策略,全面、客观、正确地观察、认识问题并且达到了一定的高度,才能透过数学问题的现象看到本质,才不会被事物的假象所迷惑。登山,就是要冲上顶峰,只有当你站在顶峰时,你才会真切地感受到"会当凌绝顶,一览众山小"的意境之美。联想到解数学题也是如此,

只有当你运用"数学思想方法""数学解题策略"达到登峰造极的境界时,你才能真正领悟到什么叫作"会当凌绝顶,一览众山小"。只有这样,才能让学生体会到解数学题的有滋有味、有声有色、如诗如画、如舞如歌。

【学思悟行】

1. 背诵《望岳》《登飞来峰》并理解其内容及文学含义。

2. 上网搜索杜甫、王安石的生平介绍以及《望岳》《登飞来峰》的写作背景。

3. 小组交流学习《望岳》《登飞来峰》的心得。

4. 仔细体会"会当凌绝顶,一览众山小""不畏浮云遮望眼,只缘身在最高层"的数学意境。

5. 选择《望岳》《登飞来峰》中的某一句,创作一幅书法或绘画、摄影作品。

诗情·画意·数学眼光
换一种视角欣赏诗

6. 赏数学名题,品诗词意境:

回首但看年来事——原题再现

(2019年南通市中考试题)如图①,在矩形 $ABCD$ 中,$AB=2$,$AD=4$。点 E、F 分别在边 AD、BC 上,点 A 与点 C 关于 EF 所在的直线对称,P 是边 DC 上的一动点。

(1)连接 AF、CE,求证四边形 $AFCE$ 是菱形;

(2)当 $\triangle PEF$ 的周长最小时,求 $\dfrac{DP}{CP}$ 的值;

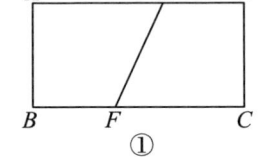

(3)连接 BP,交 EF 于点 M,当 $\angle EMP=45°$ 时,求 CP 的长。

青山妩媚景不同——试题分析

本题的第(1)(2)问是常见问题,考查学生有关直线的基础知识,属于命题难度要求中的容易题范畴,此处不做赘述。本题第(3)问属于命题难度要求中的难题范畴,命题从学生最熟悉的45°出发,给学生足够的思路和方法选择余地,意在让学生依据最熟悉的条件展开合理的联想,探求解题的思路,最大限度地考查学生综合运用联想、推理、优选等方法解决数学问题的能力,以实现思维上的"横看成岭侧成峰,远近高低各不同"。笔者有幸参加了本题的阅卷工作,发现第(3)题的解答方法较多,正如唐朝有一位叫乐休的禅师,曾经作过这样一首诗:"几见春来几见冬,又值岁庆转运中。回首但看年来事,青山妩媚景不同。"

微微风簇浪,散作满河星——解法欣赏

思路(1) 水底日为天上日——构造全等三角形

解法(2) 如图②,延长 AD、BP 相交于点 Q,过点 Q 作 FE 的垂线,垂足为 H,过点 H 作 AD 的平行线,过点 Q、M 作该平行线的垂线,垂足分别为 G、K,则

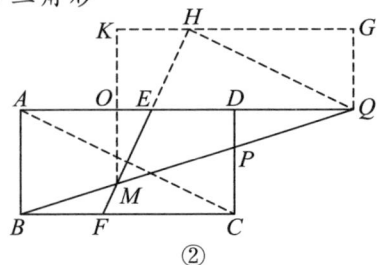

$\tan \angle QHG = \tan \angle HQA = \tan \angle DAC = \dfrac{1}{2}$。设 $QG=a$，$HG=2a$，易证 $\triangle HQG \cong \triangle MKH$，所以 $KH=a$，$MK=2a$，则 $MO=2a-a=a$，$QO=GK=3a$，从而 $\tan \angle AQB = \dfrac{MO}{QO} = \dfrac{1}{3}$，$\tan \angle PBC = \tan \angle AQB = \dfrac{1}{3}$，$PC = BC \cdot \tan \angle PBC = \dfrac{4}{3}$。

解法（2） 同解法1，如图③，构造等腰直角三角形 BMH，其中 $\angle BHM = 90°$，过点 H 作 BC 的平行线，过点 B，M 作该平行线的垂线，垂足为 G，K，易证 $\triangle BGH \cong \triangle HKM$，由 BH 平行于 AC，得 $\angle GBH = \angle BAC$，所以 $\tan \angle GBH = \tan \angle BAC = 2$。设 $BG=a$，$HG=2a$，则 $HK=a$，$MK=2a$，所以 $BO=3a$，$MO=2a-a=a$，从而 $\tan \angle PBC = \dfrac{MO}{BO} = \dfrac{1}{3}$，$PC = BC \cdot \tan \angle PBC = \dfrac{4}{3}$。

点评：看到45°角，联想到等腰直角三角形，但图形中没有现成的等腰直角三角形。于是，我们尝试构造等腰直角三角形，再依托两条相等的直角边添加水平线和铅垂线，构造"K字形"全等三角形，化归思想蕴含其中。

思路（2） 眼中人是面前人——构造相似三角形

解法（3） 如图④，过点 M 作 $MH \perp CD$，垂足为 H，延长 HC 到点 N，使 $HN=HM$，连接 MN，延长 FE 交 CD 的延长线于点 Q，连接 AC 交 EF 于点 O。$\because \angle AOE = \angle QDE = 90°$，$\angle AEO = \angle QED$，$\therefore \angle Q = \angle DAC$，从而 $\tan \angle Q = \tan \angle DAC = \dfrac{1}{2}$。设 $HN=HM=k$，则 $QH=2k$，$QN=3k$，$QM^2 =$

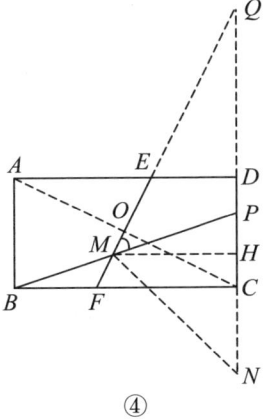

④

$HM^2 + HQ^2 = 5k^2$。$\because \angle QMP = \angle N = 45°$，$\angle Q = \angle Q$，$\therefore \triangle QMP \backsim$ $\triangle QNM$，$\therefore QM^2 = QP \cdot QN$，即 $5k^2 = QP \cdot 3k$，得 $QP = \dfrac{5}{3}k$，$\therefore PH = 2k -$ $\dfrac{5}{3}k = \dfrac{1}{3}k$。$\because MH \parallel BC$，$\therefore \dfrac{PH}{PC} = \dfrac{MH}{BC}$，即 $\dfrac{\frac{1}{3}k}{PC} = \dfrac{k}{4}$，解得 $PC = \dfrac{4}{3}$。

点评：由一个 $45°$ 角，再添加一个 $45°$ 角，联想到构造一对"母子型相似三角形"。历史上，寇准和杨亿合作的对联："水底日为天上日，眼中人是面前人"从数学视角看，其中第二句"眼前人为面前人"是凸透镜成像，在数学上具有"相似形"的意境。

思路（3） 寄言荣枯者，反复殊未已——构造两对相似三角形

解法（4） 如图⑤，设 AC 分别交 EF、BP 于点 O，Q，因为 $PC \parallel AB$，所以 $\dfrac{PC}{AB} = \dfrac{CQ}{AQ}$，而 $AB = 2$，故只需求 $\dfrac{CQ}{AQ}$。在 $\triangle ABQ$ 中，$\angle AQB = 45°$，$\tan \angle QAB = 2$，

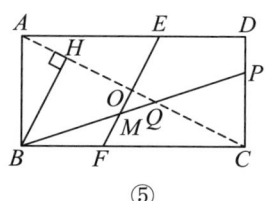

⑤

作 $BH \perp AC$，易证 $\triangle ABH \backsim \triangle ACB$，所以 $AB^2 = AH \cdot AC$，可求得 $AH = \dfrac{2}{\sqrt{5}}$，$QH = BH = \dfrac{4}{\sqrt{5}}$，$AQ = AH + HQ = \dfrac{6}{\sqrt{5}}$，$CQ = AC - AQ = \dfrac{4}{\sqrt{5}}$，从而 $\dfrac{CQ}{AQ} = \dfrac{2}{3}$，所以 $\dfrac{PC}{AB} = \dfrac{2}{3}$，$PC = \dfrac{2}{3}AB = \dfrac{4}{3}$。

解法（5） 如图⑥，设 BP 交 AC 于点 Q，作 $PN \perp$ AC 于点 N。$\because \angle EMP = 45°$，$\therefore OM = OQ$，$NQ =$ NP。设 $NC = x$，由 $\triangle PNC \backsim \triangle CBA$，得 $PN = 2x$，

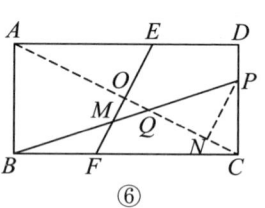

⑥

$PC = \sqrt{5}x$。$\therefore QN = 2x$，$QC = 3x$，$QA = 2\sqrt{5} - 3x$。由 $\triangle ABQ \backsim \triangle CPQ$，得

$\dfrac{AB}{CP}=\dfrac{AQ}{CQ}$,即 $\dfrac{2}{\sqrt{5}x}=\dfrac{2\sqrt{5}-3x}{3x}$,解得 $x=\dfrac{4\sqrt{5}}{15}$,$\therefore PC=\sqrt{5}x=\dfrac{4}{3}$。

点评 解法(4)首先通过 $PC\parallel AB$,构建 $\triangle ABQ\backsim\triangle CPQ$,再构建 $\triangle ABH\backsim\triangle ACB$,实现问题的解决。解法(5)通过构建 $\triangle PNC\backsim\triangle CBA$,$\triangle ABQ\backsim\triangle CPQ$,实现问题解决。解法(4)和解法(5)都是通过两次相似解决问题,正如白居易《读史五首》:"寄言荣枯者,反复殊未已。"

思路(4) 玉人何处教吹箫——构造方程

解法(6) 如图⑦,作 $MG\perp AB$,垂足为 G,以 MG 为边作正方形 $MGHI$,延长 MF 交 HI 于点 Q,交 AH 的延长线于点 K,则 $\tan\angle QMI=\tan\angle K=\tan\angle DAC=\dfrac{1}{2}$。设 $MG=x$,则 $IQ=\dfrac{1}{2}x=HQ$。设 $BG=y$,在正方形 $MGHI$ 中,由 $\angle BMQ=45°$,易证 $BQ=BG+IQ$,$\therefore BQ=\dfrac{1}{2}x+y$。在 $\text{Rt}\triangle BHQ$

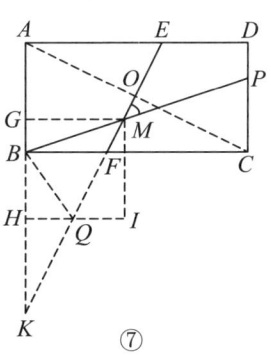

⑦

中,由勾股定理得,$BQ^2=BH^2+HQ^2$,$\therefore\left(\dfrac{1}{2}x+y\right)^2=(x-y)^2+\left(\dfrac{1}{2}x\right)^2$,整理得 $x=3y$。$\therefore\tan\angle PBC=\tan\angle BMG=\dfrac{1}{3}$,即 $PC=\dfrac{1}{3}BC=\dfrac{4}{3}$。

解法(7) 如图⑧,以 EF 的中点 O 为原点,建立如图所示的平面直角坐标系 xOy,易求直线 AC 和 EF 的解析式分别为 $y=-\dfrac{1}{2}x$ 和 $y=2x$。$\because$ 点 M 在直线 EF 上,$\therefore$ 设点 $M(a,2a)$,$\because$ 点 N 在直线 AC 上,且 $ON=OM$,$ON\perp OM$,即点 N 可以看作由点 M 绕点 O 按逆时针旋转 $90°$ 得到,$\therefore$ 点 $N(-2a,a)$。设直线 BP 的解析式为 $y=$

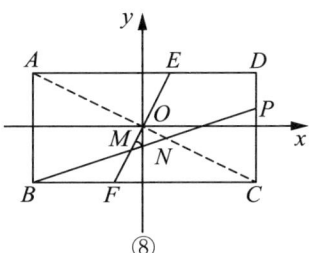

⑧

$kx+b$，∵点 $B(-2,-1)$、$M(a,2a)$、$N(-2a,a)$ 在直线 BP 上，则 $\begin{cases} ka+b=2a, \\ -2ka+b=a, \\ -2k+b=-1, \end{cases}$ 解得 $\begin{cases} k=\dfrac{1}{3}, \\ b=-\dfrac{1}{3}, \end{cases}$ ∴直线 BP 的解析式为 $y=\dfrac{1}{3}x-\dfrac{1}{3}$。∵当 $x=2$ 时，$y=\dfrac{1}{3}$，∴点 P 的坐标为 $\left(2,\dfrac{1}{3}\right)$。又∵点 C 的坐标为 $(2,-1)$，∴ $PC=\dfrac{1}{3}-(-1)=\dfrac{4}{3}$。

点评：解法(6)通过构造方程。解法(7)通过建立直角坐标系，得到直线方程，构造方程组，实现问题解决。杜牧《寄扬州韩绰判官》：青山隐隐水迢迢，秋尽江南草未凋。二十四桥明月夜，玉人何处教吹箫？"二十四桥明月夜，玉人何处教吹箫"是杜牧在明月夜中想起老友韩绰，却不知玉人于何处听人吹箫而发问，恰似数学中给出方程式而未解。因此，此在数学上寓为"解方程"。

思路(5)　会当凌绝顶，一览众山小——构造两角和的正切

解法(8)　如图⑨，画一个以 α 为锐角的直角三角形，再以斜边为一直角边画以 β 为锐角的直角三角形，最后构造出矩形。若 $\tan\alpha=\dfrac{1}{2}$，$\tan\beta=1$，则 $\tan(\alpha+\beta)=3$。如图⑩，延长 CD，FE 相交于点 Q，由解法(3)可知 $\tan\angle Q=\dfrac{1}{2}$，∵∠$PMQ=45°$，∠$BPC=\angle Q+\angle PMQ$，∴由图⑨得 $\tan\angle BPC=3$。∴$PC=\dfrac{BC}{\tan\angle BPC}=\dfrac{4}{3}$。

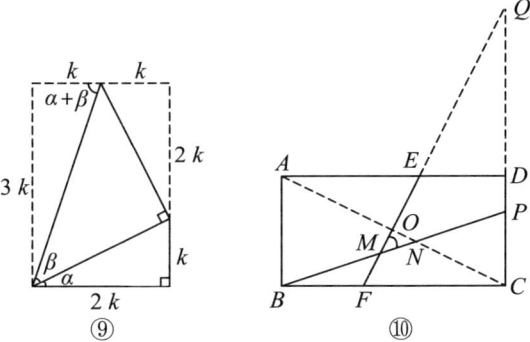

⑨　　　　　　　　⑩

点评：这里作图巧妙，构造出两角和的正切公式，毫无突兀之感。在数学解题中，只有掌握了正确的数学思想和解题策略，全面、客观、正确地观察、认识问题并且达到了一定的高度，就能透过数学问题的现象看到本质，就不会被事物的假象所迷惑。只有这样，才能让学生体会到解数学的有滋有味、有声有色、如诗如画、如舞如歌。

十　不及汪伦送我情（一组离别诗）
——一题多解的意境

李白：桃花潭水深千尺，不及汪伦送我情。

王维：劝君更尽一杯酒，西出阳关无故人。

高适：莫愁前路无知己，天下谁人不识君。

王勃：海内存知己，天涯若比邻。

岑参：轮台东门送君去，去时雪满天山路。山回路转不见君，雪上空留马行处。

王昌龄：洛阳亲友如相问，一片冰心在玉壶。

第三章 建模解题的意境

【文学视角】

诗可言志,也可抒情,古人在朋友离别时,不同的诗人会从不同的角度表达离别的情怀。送别好友,有时需要真切绵绵的关爱,要的是"劝君更尽一杯酒,西出阳关无故人"的劝勉;有时需要激励,要的是"莫愁前路无知己,天下谁人不识君"的豪情壮志;有时需要送别的氛围,要的是"忽闻岸上踏歌声"等。面对离别,每个人心中都有不同的诗。

【数学眼光】

在数学研究中,面对一道数学题,不同的人从不同的视角去解决问题。如勾股定理的证明,古今中外,有 400 多种不同的证明方法,即使是同一个人,也有着数种不同的想法。

每一首离别的诗,都是诗人个体独特的感受。在数学中,同一题也有着多种解法,每一种解法都是思维的再创造。例如,在人教版数学课本八年级(下)《矩形》一节课中,在探索"直角三角形斜边上的中线等于斜边长的一半"中,学生们得到了不同的解法。

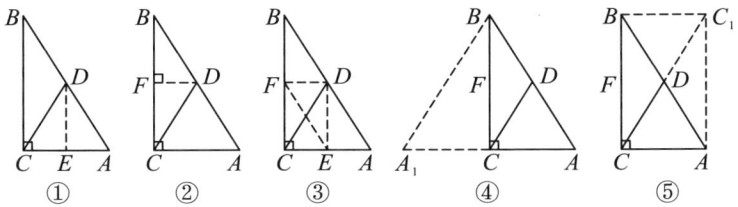

解法 1 如图 ①,取 AC 的中点 E,连接 DE,DE 是 $\triangle ABC$ 的中位线,得 $DE \parallel BC$。因为 $BC \perp AC$,可得到 $DE \perp AC$,因此 $CD = DA = DB$。

解法 2 如图 ②,过点 D 作 $DF \perp BC$ 于点 F,由已知得 $AC \parallel FD$,可得 F 是 BC 的中点,由 FD 是 BC 的中位线,则 $DC = BD = AD$。

解法 3 如图③,E、F 分别是 AC、BC 的中点,连接 DE、FD、EF,可得矩形 $CEDF$,$EF = CD$,EF 是 AB 长的一半,则 CD 也是 AB 长的一半。

解法 4　如图④，作点 A 关于 BC 的对称点 A_1，则 $A_1C = AC$，CD 是 $\triangle ABA_1$ 的中位线，则得证。

解法 5　如图⑤，延长 CD 到点 C_1，使 $DC_1 = DC$，连接 BC_1、AC_1，可得到矩形 $ACBC_1$，命题得证。

【学思悟行】

1. 上网搜索文中涉及的离别诗的完整内容，了解其文学含义。

2. 有感情地朗诵上述离别诗。

3. 小组交流学习有关离别诗的心得。

4. 仔细体会"离别诗"的数学意境。

5. 赏数学名题，品诗词意蕴：

小明家养了一些兔子与鸡，现在只知道所有动物一共有 20 个头，腿总共有 68 条，请问小明家的兔子和鸡各有多少只？

思路 1：想象如果每只动物都只有 2 条腿，那么应该只有 40 条腿，多出来的 28 条腿都是兔子的，所以可以直接计算出兔子的只数，进而算出鸡的只数。

思路 2：设有鸡 x 只，那么兔子有 $20 - x$ 只，所以可以列出方程：$2x + 4(20 - x) = 68$，解一元方程从而算出答案。

思路 3：设有鸡 x 只，兔子有 y 只，列出方程 $x + y = 20$ 以及 $2x + 4y = 68$，联立解出 x 和 y。

十一 散作满河星
——变式题的意境

> 月黑见渔灯,
>
> 孤光一点萤。
>
> 微微风簇浪,
>
> 散作满河星。
>
> ——[清]查慎行《舟夜书所见》

【文学视角】

《舟夜书所见》是一首五言绝句,犹如生动的速写画,展示出转瞬即逝的自然景色;好似珍奇的木刻画,呈现出魅力无穷的黑白世界。首句"月黑见渔灯",描写有月无光的夜晚,突然见到河中的一盏渔灯,其格外引人注目。二句"孤光一点萤",描写如豆的灯光像江岸边的一点萤火,是意中之象,描写渔灯的形象。河面幽黑,只有孤零零的一点灯光在闪烁着,仿佛是一只萤火虫在原野里发出微弱的光。三句"微微风簇浪"描写夜风。河面吹来阵阵微风,河水哗哗作响,轻轻地掀起浪花,渲染了一种宁静舒适的气氛。四句"散作满河星",描写那如萤的孤光,刹那间似乎变成万船灯火,点缀河中,又如风吹云散,满天明星,倒映水中,使这静谧的黑夜,单调的河面出现了意想不到的壮观景象,为诗词增添了画面感。诗文的意思:在一个有月无光的漆黑之夜,我站立船头,只见渔船上的渔灯。在茫茫的夜色中,那孤独的灯光像萤火虫一样发出一点微亮。微风阵阵,河水泛起层层波浪,渔灯的微光在水面上散开,河面上好像撒落了无数的星星。

诗情·画意·数学眼光
换一种视角欣赏诗

【数学眼光】

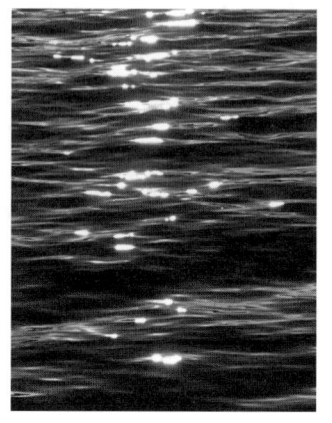

清代诗人查慎行作的诗《舟夜书所见》不仅写出了自然之美,还写出了少中有多、小中有大的哲理。由此联想到许多数学问题也有类似的特点,它们看似普通平常,其实内涵十分丰富,极具探索价值。我们可以通过对题目进行适当变式,改变题目的条件和结论,就能得到一系列新的问题——数学变式题。其实,在诸多考试尤其是中、高考中,不少考题都是由课本上的某些例题、习题和复习题变式而得。因此,数学老师会在数学学习中强调数学变式训练,即在数学探究过程中对概念、性质、定理、公式以及问题从不同角度、不同层次、不同情形、不同背景作出有效的变化,使其条件或结论的形式或内容发生变化,而本质特征却不变,如一题多变、一题多解、一理多用、多题一解,无不蕴含在"月黑见渔灯,孤光一点萤。微微风簇浪,散作满河星"的意境里。

第三章 建模解题的意境

【学思悟行】

1. 背诵查慎行的《舟夜书所见》,并理解其内容及文学含义。

2. 上网搜索查慎行《舟夜书所见》的写作背景。

3. 小组交流学习《舟夜书所见》的心得。

4. 赏数学名题,品诗词意蕴:

原题:16 的平方根是_____。

变式 1:16 的正的平方根是_____,16 的负的平方根是_____。

变式 2:$\sqrt{16}$ 的正的平方根是_____。

变式 3:已知 a 的平方根是 ±0.5,则 $a=$_____。

由此体会"月黑见渔灯,孤光一点萤。微微风簇浪,散作满河星"的数学意境。

十二　衣带渐宽终不悔，为伊消得人憔悴
——研究数学的意境

古今之成大事业、大学问者，必经过三种之境界：

"昨夜西风凋碧树。独上高楼，望尽天涯路。"此第一境也。

"衣带渐宽终不悔，为伊消得人憔悴。"此第二境也。

"众里寻他千百度，蓦然回首，那人却在，灯火阑珊处。"此第三境也。

——［清］王国维《人间词话》（节选）

【文学视角】

第一境界："昨夜西风惨烈，凋零了绿树，我独自登上高楼，望尽了天涯路。"这比喻自己在求学的过程中遇到了很多难题，让自己无法解答，很希望解开这些疑惑，求知求真，于是想多看多学，博览群书，学遍世间的知识。第二境界："因为思念她而变得消瘦、憔悴，衣服变得越来越宽松，但也不后悔。"这比喻将要学的知识比喻成心中的佳人，为了求知求真，将所有的精力置于其中，哪怕日益消瘦、形容憔悴也在所不惜。第三境界："我在四处搜寻她的踪迹，不经意回首，却发现她在那灯火即将消逝的地方。"这比喻和第二境界一样，把真知比喻成心中佳人，说的是在经过长时间的周折、经过长期的磨炼之后，自己所追寻的人或东西往往会在不经意的时候，在没想到的地方出现。

第三章　建模解题的意境

【数学眼光】

问题是数学的心脏,研究数学的第一境界是发现数学问题。所谓登高望远,一旦发现了自己的不足,便只能站到更高的角度才会有所提升。登高了,才能开阔视野;视野开阔了,疑问便能顺着解决了。第二境界便是探索数学问题。这是一个求知的过程。发现数学问题之后,要去寻找数学问题的答案,便要顺着数学问题的发现,不断地钻研探索,刻苦坚持,这样才会得到真知。第一阶段发现数学问题,第二阶段探索数学问题,第三阶段解决数学问题。当你被一个数学问题困扰许久,苦苦思索终不得结果。可是某一天,忽然灵光一闪,心中豁然开朗,原来答案早已在你心中。这讲述的道理是,在不知不觉中数学知识其实已经进入你的内心、你的脑海,只不过你一直没有发现,某一天你忽然想起来,才知道,原来你一直努力寻找的,其实已经在你身边。知识或人都是如此……

学习、研究数学需要解题,而且解题过程需要反复思索,终会在某一时刻顿悟。例如,有学生做一道几何题,百思不得其解,突然添了一条辅助线,豁然开朗,欣喜万分,这样的意境可以用辛弃疾的词来描述:"众里寻他千百度,蓦然回首,那人却在,灯火阑珊处。"反之,一个学生如果没有经历过这样的意境,数学水平是很难提高的。

解数学题,特别是解较难的数学题还可以品味数学之美:①昨夜西风凋碧树,独上高楼,望尽天涯路——过后才能体会到的艰辛美;②衣带渐宽终不悔,为伊消得人憔悴——挚爱而执着的美;③众里寻他千百度,蓦然回首,那人却在,灯火阑珊处——成功后的喜悦美。

诗情·画意·数学眼光
换一种视角欣赏诗

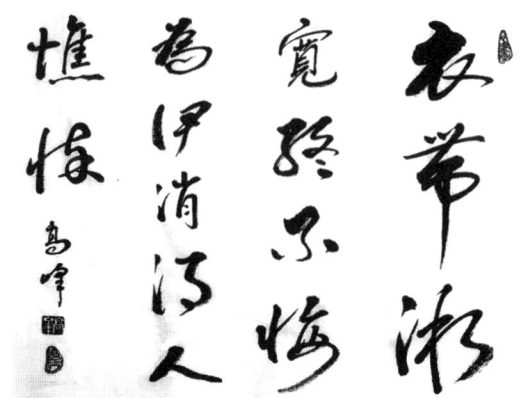

【学思悟行】

1. 背诵并理解王国维《人间词话》(节选)的内容及文学含义。

2. 上网搜索王国维的生平介绍以及《人间词话》的写作背景。

3. 仔细体会"昨夜西风凋碧树。独上高楼,望尽天涯路""衣带渐宽终不悔,为伊消得人憔悴""众里寻他千百度,蓦然回首,那人却在,灯火阑珊处"的数学意境。

4. 结合王国维的《人间词话》(节选),写一篇数学小论文。

5. 赏数学名题,品诗词意蕴:

转换思想,实现化归

题① 已知 a、b、c、d 均为正整数,求证:存在一个三角形,其三边之长为 $\sqrt{b^2+c^2}$, $\sqrt{a^2+b^2+d^2+2ab}$, $\sqrt{a^2+c^2+d^2+2cd}$。

分析:若采用三角形的三边关系证明,难度明显较大,考虑到 $\sqrt{b^2+c^2}$ 可看作以 b、c 为直角边的直角三角形的斜边长,同理,$\sqrt{a^2+b^2+d^2+2ab}$ 可看作以 $(a+b)$ 和 d 为直角边的直角三角形的斜边长,$\sqrt{a^2+c^2+d^2+2cd}$ 可看作以$(c+d)$和a为直角边的直角三角形的斜边长。通过这样的方式构造出一个矩形,从中找到相应的三角形(如下图),那就一目了然了。

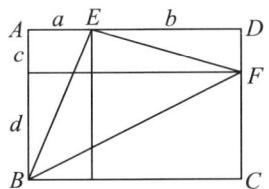

大题化小,各个击破

题② 如图,在平面直角坐标系 xOy 中,边长为 a(a 为大于 0 的常数)的正方形 $ABCD$ 的对角线 AC、BD 相交于点 P,顶点 A 在 x 轴的正半轴上运动,顶点 B 在 y 轴的正半轴上运动(x 轴的正半轴、y 轴的正半轴都不包含原点 O),顶点 C、D 总在第一象限。

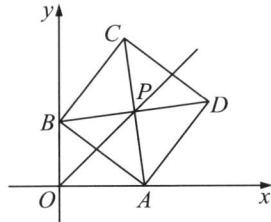 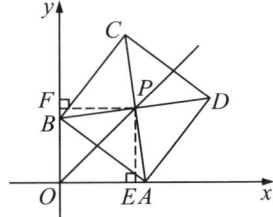

Ⅰ.当 $\angle BAO = 45°$ 时,求点 P 的坐标;

Ⅱ.求证:无论点 A 在 x 轴的正半轴上、点 B 在 y 轴正半轴上如何运动,点 P 都在 $\angle AOB$ 的平分线上;

Ⅲ.设点 P 到 x 轴的距离为 h,试确定 h 的取值范围并说明理由。

分析:对题目进行解析不难发现,这道题要考查的知识点主要包括正方形的性质、全等三角形的判定和性质、角平分线的性质、三角函数等,因而我们只要把题目分解成几个小知识点就不难对付了。第一,当 $\angle BAO = 45°$ 时,利用正方形的对角线性质,能证明四边形 $OAPB$ 是正方形,从而求出点

P 的坐标。第二,要证明点 P 在角平分线上,想到角平分线性质的逆定理,因而过点 P 作 x 轴和 y 轴的垂线,利用三角形全等证明线段相等,从而得证。第三,点 P 到 x 轴的距离与 PE 的长度是相等的,而 PA 与 PE 之间的夹角必然在 $0°$ 到 $45°$ 的范围之内,设这一夹角为 α,这一距离能通过 $PA \cdot \cos \alpha$ 来计算,其长度范围自然也确定了。

数形结合,破解难题

题③ 已知二次函数 $y = ax^2 + bx + c$ 的图像如图所示,若关于 x 的方程 $ax^2 + bx + c - k = 0$ 有两个不相等的实数根,则 k 的取值范围为(   )。

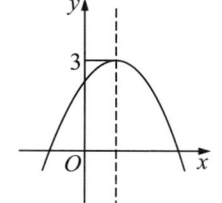

A. $k > 3$ B. $k < 3$

C. $k = 3$ D. 无法确定

解析:这种类型的题目一旦给出,一般情况下都是对数形结合思想进行考查。就本题而言,如果直接根据 $b^2 - 4ac$ 的符号来进行解答情况的判定,那么这个题目就无法求解。因此,必须应用数形结合的思想将原方程变形,变形后的方程为 $ax^2 + bx + c = k$,将这个问题看作两个函数图像的交点问题,可以列出两个函数:① $y = ax^2 + bx + c$,② $y = k$,然后结合图像,可知只有当 $y = k < 3$ 时,函数一定与抛物线有两个不同的交点,由此就可以确定答案为 B。

参考文献

[1] 张晓鹏.赏中考题平几解法 品古诗词数学意蕴——2019年南通市一道中考试题解法赏析[J].初中数学教与学,2020(11).

[2] 吴佑华.与诗共舞:让数学课堂飘溢人文诗香[J].数学教学研究,2020(1).

[3] 蒋荣珍.巧用文学点缀 灵动数学意境[J].中国数学教育,2018(Z3).

[4] 郭培俊.数学意境的文学表达[J].浙江工贸职业技术学院学报,2018(2).

[5] 常亚玲.美妙的数学美妙的诗[J].新一代(理论版),2018(14).

[6] 良石.初中生必背古诗文127篇[M].北京:开明出版社,2018.

[7] 李晓峰,周赛君.诗词数学[J].中学数学月刊,2017(10).

[8] 钱如刚.古诗词在数学教学中的应用赏析[J].都市家教(上半月),2017(2).

[9] 易南轩.当数学遇上诗歌[M].北京:科学出版社,2017.

[10] 张安军.诗和数学的交融[J].中学数学月刊,2016(5).

[11] 程斌斌.数学与诗[J].数学学习与研究,2016(1).

[12] 黄东坡.发现诗意的数学——我的数学教育理想[M].武汉:湖北人民出版社,2014.

[13] 严加安.数学如诗[J].科技导报,2013(13).

[14] 吴佑华.数学眼光:换一个角度欣赏诗[J].数学教学研究,2013(5).

[15] 吴庆华.浅谈古代文学意境的数学化解读[J].大众文艺,2012(15).

[16] 张奠宙等.走进教育数学:情真意切话数学[M].北京:科学出版社,2011.

[17] 任伟芳.诗歌渗透数学教学的尝试[J].数学教学,2010(7).

[18] 刘福智,王筠.数学与诗[J].语文知识,2010(3).

[19] 陈德华等.中国数学诗歌的起源与发展[J].大理学院学报,2010(4).

[20] 安洪庆等.高等医学院校数学教学中的人文推动[J].中国医学伦理学,2009(3).

[21] 陶文鹏.唐诗鉴赏[M].武汉:长江文艺出版社,2009.

[22] 王兆鹏.宋词鉴赏[M].武汉:长江文艺出版社,2009.

[23]张奠宙.中国古典文学中的数学意境[J].科学文化评论,2008(1).

[24]陈蕾蕾.数学美学之数学中的诗词意境[J].科技资讯,2007(9).

[25]张奠宙.数学和诗词的意境[J].世界科学,2007(2).

[26]汪晓勤.数学与诗歌:历史寻踪[J].自然辩证法通讯,2006(3).

[27]徐利治.数学美学与文学[J].数学教育学报,2006(2).

笔者是一名中学数学老师,一次,跟笔者搭班的语文老师秦源源开设校内公开课,笔者怀着"长见识"的心态,跟着众多语文老师进了她的课堂。她那天教授的是苏轼的《水调歌头·明月几时有》,听着她充满诗情的朗诵,看着屏幕上呈现的优美的图画,笔者的思绪也跟着诗意起来,情不自禁地跟着心诵:"……人有悲欢离合,月有阴晴圆缺……""悲"与"欢"、"离"与"欢"、"阴"与"晴"、"圆"与"缺",这不都是我们数学中具有相反意义的量的意境吗?如果我们数学老师能在数学课堂上引导学生从这一独特的视角审视苏轼的这首词,让学生觉得数学课还可以上得这么富有情趣,那不就是把枯燥的数学变得妙趣横生、诗意盎然了吗?

于是,笔者脑中产生了一个大胆念头,用一个数学人的眼光,从古诗词中挖掘其包含的数学意境,编著一本校本课程教材,名称初定为"数学眼光:换一个角度欣赏诗"。

我一头扎进诗海里,诵李白的《静夜思》,欣赏"举头望明月,低头思故乡"中仰角、俯角的数学意境;诵李商隐的《无题·相见时难别亦难》,欣赏"相见时难别亦难"中的平行线的数学意境;诵李白的《黄鹤楼送孟浩然之广陵》,欣赏"孤帆远影碧空尽"中极限的数学意境;诵贾岛《寻隐者不遇》,欣赏

诗情·画意·数学眼光
换一种视角欣赏诗

"只在此山中,云深不知处"中存在性定理的数学意境;诵白居易《赋得古原草送别》,欣赏"一岁一枯荣"中周期函数的数学意境……初稿成形后,笔者请江苏省语文特级教师丁卫军给我评点,得到了他的肯定。丁卫军老师鼓励笔者写成文章,进行投稿。笔者随即将其整理成一万二千字的论文《数学眼光:换一种角度欣赏诗》,发表在《数学教学研究》2013年第5期上。

2013年,笔者有幸参加了朱永新教授的新教育实验,成为全国新教育实验的一名实验教师,与广大教师一起践行新教育十大行动:师生共写随笔、构建理想课堂、研发卓越课程……笔者深知朱永新《新教育》给予的启示:"我们需要的是行动,我们需要的是坚持。只要行动,就有收获。只有坚持,才有奇迹。"守望新教育:聆听大师的教育智慧,分享高人的教育心得,汇聚田野的教育创造,助力有缘的教育梦想;守望新教育:呈人之美,成人之美;守望新教育:帮助新教育共同体成员过一种幸福完整的教育生活。近几年,笔者有幸多次参加全国新教育活动,通州区教育局基教科副科长、全国新教育实验区通州区负责人杨晓华和全国新教育实验研究院许卫国科长等同笔者进行了深入的交流,笔者感触很深,常常反思自己:怎样才能"过一种幸福完整的教育生活"? 笔者想到了走出去"聆听窗外声音",想到了读几本关于新教育的书,写一点教育生活感悟去"营造书香校园""师生共写随笔",想到了与志同道合的同事一起"研发卓越课程",想到了上几节市、区、校公开课去研究如何构建理想课堂……在"研发卓越课程"中,笔者与同事们一起对教材进行二次开发和新的整合创造,通过课程的创新使课堂成为汇聚美好事物的中心,于是,《知仁·兴仁·达仁》如期印制,成为学校开展"仁学教育"的载体,引领学生开展"仁爱"认知体验与合作探究,建立知识与世界的内在联系,将所有与伟大知识的相遇转化为智慧,从而使价值和意义更加丰富。笔者在编著《知仁·兴仁·达仁》的过程中积累了经验,为编著"馨仁课程"教材《数学眼光:换一个角度欣赏诗》增添了信心。2017年9月27日,笔者应邀以《数学眼光:换一个角度欣赏诗》为题给南通大学理学院数学系的师生做讲座,反响很好。山西省特级教师李晶在观看了笔者上的"诗情·画意·数学眼光"校本课程课后,给予了很高的评价。所有这些都为笔者编写校本课程教材《数学眼光:换一种角度欣赏诗》增添了信心。

在编著过程中,笔者查阅了大量文献资料,发现不少诗词配有图画,风景优美,浑然天成,如诗的情感,如画的意境,耐人寻味,极富情趣,非常有"诗情画意"。于是,在二稿中,我插入了一些书画、摄影作品。同时,将校本课程取名为"诗情·画意·数学眼光:换一种视角欣赏诗"。诗情,正如刘禹锡的《秋词二首》之一"晴空一鹤排云上,便引诗情到碧霄",范成大的《荆公墓二首》之一"半世青苗法意,当年雪竹诗情";画意,正如《汉书·卷六十八·霍光传》"君未谕前画意邪?立少子,君行周公之事",欧阳修的《盘车图》诗"古画画意不画形,梅诗咏物无隐情";诗情画意,正如宋代周密的《清平乐·横玉亭秋倚》词:"诗情画意,只在阑干外,雨露天低生爽气,一片吴山越水。"数学眼光是什么呢?有人说正如郑板桥《咏雪》:"一片两片三四片,五六七八九十片,千片万片无数片,飞入梅花总不见。"还有人说正如宋朝理学家邵雍《蒙学诗》:"一去二三里,烟村四五家。亭台六七座,八九十枝花。"其实,这些都不是笔者认为的蕴含数学意境的古诗词。编著此校本课程,有一个关键词:古诗词中的数学意境。什么是古诗词中的数学意境?古诗词中的数学意境是指古诗词中呈现的那种与数学情景交融、虚实相生、活跃着生命律动的韵味无穷的诗意空间;或指古诗词中所呈现的那种与数学情景交融、虚实相生的形象系统,及其所诱发和开拓的审美想象空间。

诗词与数学的同一性来源于人类的两种基本思维方式——形象思维和科学思维的同一性。诗词以感觉经验的形式传达人类理性思维的成果,数学以理性思维的形式描述人类的各种感觉经验。著名数学教育家徐利治教授认为:"数学构造事物关系的'量化模式'或'模型',文学则塑造从生活中提炼出来的典型故事或'文学典型'。数学家用抽象的符号、简洁的语言表述和揭示宇宙的奥秘,文学家则用典型的事例书写包罗万象的世事,在文学家中用词最简洁的、最能概括的就是诗人。"从这层意义上来说,诗和数学似乎有曲径通幽之感,揭示两者的创作过程如同王维的诗:"遥爱云木秀,初疑路不同。安知清流转,偶与前山通。"诗词是"以美启真",数学是"以真启美",虽然方向不同,实则同一。诗词与数学虽一个在山南、一个在山北,但最终,它们必将携手迈向"至美至真"的顶峰!

　　古诗词体现数学的意境,要我们去想象;用数学眼光欣赏诗的精美,要我们去欣赏。教师在数学课堂上恰当地引用诗词,令数学课堂多一些文化气息。学生在诗意化氛围中获得全新体验,给探求知识的过程赋予惊喜。

　　在本书的编著过程中,要感谢南通市通州区兴仁中学校长陈春雷的大力支持和历任校长羌建中、包春华的的热情关心;要感谢南通市通州区教育体育局副局长胡清华,南通市通州区教育体育局基教科副科长杨晓华,南通市通州区教师发展中心高中数学研训员王惠清、初中数学研训员张晓鹏,以及教科员蒋忠、陈钰枢、任卫兵,南通市通州区社科联副主席陈泉江,南通市通州区作协主席刘伯毅,南通市通州区文联办公室主任邱永康,全国新教育研究院办公室主任王兮,南通市海门区新教育培训中心科长许卫国,南通市崇川区初中数学教研员吴小兵,南通市教育科学研究院质量监测中心副主任、初中数学教研员袁亚良,高中数学教研员曾荣,理论科科长周荣斌,南通市教师发展学院院长孙亚丽,江苏工程职业技术学院党委书记秦志林,南通大学理学院副院长王金华、教授钟志华的精心指导;要感谢南通市通州区兴仁中学戴红玲、李文彬、杨小峰、翟菊红、陈卫英、许兴华等领导和老师的热情帮助;要特别感谢我的好友高峰先生、周玲玲女士为本书创作了一系列书法、摄影(绘画)作品。在此,笔者向所有关心、支持、帮助本书出版的社会各界人士表示深深的感谢。

二〇二〇年仲夏于南通融悦华庭小区
吴佑华